AT HOME

ENTREPRENEURSHIP

マイペースで働く！

自宅で
ひとり起業
仕事図鑑

「ひとり起業塾」主宰
滝岡幸子

同文舘出版

「ひとり起業」とは？

　ひとり起業は、「たったひとりで起業し、ビジネスを継続していくこと」。そして「社長・事業主自身のスキルや知識を売る商売」、つまり「社長自身が商品」。

　たとえ、アシスタントや家族が手伝っていても、社長自身がいないと商売が成り立たなければ「ひとり起業」と考えています（「ひとり起業」の定義は、「ひとり起業塾」主宰の筆者が2003年7月に考案）。

本書の使い方

「起業に興味が湧いたけど、どんな仕事があるのかな？」

→事例や索引のキーワードを見て、「これが楽しそう」と興味が湧く仕事を探してみましょう。「どうやったら、その職業で開業できるか？」も参考になるはずです。

「すでにひとり起業しているけれど、もっと事業の幅を広げたい」

→現在の事業とシナジー効果のありそうな仕事はありますか？　または、「そういえば、私にはこんな趣味があった。別の仕事になるかも？」という気づきが得られるかもしれません。

「自宅で働ける方法を探したい！」

→ひとり起業なら、工夫次第で全国どこでも自宅で働けます。数年後を見越して、ひとり起業の準備をはじめることもできるでしょう。今は、田舎に移住してひとり起業で生計を立てる人、ビジネスをはじめる人もいます。子育てや介護をしながら、自宅で働く手段を構築している人も増えていますね。

リビングテーブルひとつでできる職種

- 絵手紙、押し花、筆文字教室
- パン、料理教室
- ネイルサロン
- フラワーアレンジメント教室
- ハンドメイド作家
- 英会話教室
- テーブル茶道　etc…

工房兼お店

- 靴職人
- バッグ作家
- 陶芸家
- 盆栽作家
- 木工家具職人
- アート（絵画・造形）教室　etc…

農地で

- ひとり農業

自宅の1階やはなれ（蔵、ガレージ）、おじいちゃん・おばあちゃん家（空き家も）を使って

- 美容院
- ネイルサロン
- ケーキ店
- 雑貨店
- 生花店
- アロマテラピー
- リンパマッサージサロン
- ペットシッター、ペットホテル、トリミングサロン
- 英語教室、学習塾
- テープ起こし
- ネットショップ（モノを売る）
- 便せんやハンカチ、文房具作り
- 電話カウンセラー
- プログラマー
- YouTuber

厨房設備が必要（66〜68ページ参照）

- カフェ
- そうざい店
- 手打ちそば店
- 居酒屋、バー
- ○○料理のレストラン
- 焼き菓子、パンのネット通販
- 定食店

スマホ（携帯電話ひとつ）で出張サービス

- 便利屋
- ○○の移動販売
- コーチング、カウンセリング
- パソコンインストラクター
- 家事代行業
- 着付け
- 個人向けファッションスタイリスト
- 移動型動物病院　etc…
- 出張カメラマン

いろいろな、自宅でひとり起業

もともとお店だった
「居抜き」物件を借りて

「新築」してサロンを併設

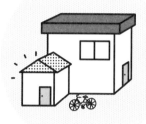

駅近マンション・アパート
の「リビング」で

「車庫（ガレージ）」部分に
店舗を建てて

「庭」にプレハブを建てて

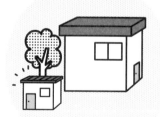

PART

2 もの作りの仕事

PART 3 ネット通販の仕事

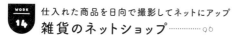
PART 4 パソコンを使う仕事

PART
5 自宅を教室に

PART 6 自宅をサロンに

PART 8 自宅を事務所に出張仕事

ブックデザイン・DTP：高橋明香（おかっぱ製作所）
イラスト：大野文彰

At Home
Entrepreneurship

PART

1

自宅で
ひとり起業の
基礎知識

「自宅でひとり起業」は じわじわと増えています

自宅で仕事をはじめる人は20代から60代と幅広い

「自宅で開業」は、昔からある起業方法です。少し前は、自営業といえば「自宅1階をお店にして商売をはじめる」でした。起業家には、大きなオフィスを構えて……というイメージがあるようですが、「自宅で働く」が昔からの典型的な働き方の1つです。事業を拡大するのではなく、「身の回りでこぢんまりと働く」生活を欲する人も多いのではないでしょうか。その暮らし方への原点回帰のような気持ちが、「自宅でひとり起業」をじわじわと増やしているのだと思います。

「低リスク」「最小限で」ではじめられる、自宅でひとり起業

今は「少量化」「小型化」「軽量化」の時代。自宅兼お店や1畳の自宅オフィス等、コンパクト化された業態は、時代にマッチしていると思います。また、「副業」や「ダブルワーク」についての情報が増え、「週末だけ、自宅でパン教室を開いてみよう」というチャレンジへのハードルが下がったことも、「ひとり起業家」を増やしている要因です。

無料で集客できるインターネット。「Webサイト」「SNS」の進化

ひとり起業家にとって、インターネットのチカラは絶大です。「ブログ」「Facebook」「インスタグラム」のどれか1つを開設して、小さな起業の一歩を踏み出す方が増えています。

「まずは自宅の一室ではじめて、自宅を新築する（1階はもちろん店舗やサロン）」という人。「自宅のガレージに、小さなショップを

作った」という人が全国津々浦々にいらっしゃいます。

住宅街の1階やお庭でショップを開業

　それが、住宅街の一軒家のガレージやお庭だったりするから驚きです。もちろん、ご自宅の1階にそば屋さんやカフェ、パン屋さんをオープンする人も。お客様を呼んでくる（集客）のことを考えれば、人の目につきやすい大きな道路沿いや駅から徒歩3分の立地がいいのですが、ひとり起業家の場合はそれだけではないのです。道端でお店を見つけなくても、インターネット上で見かけたお店のほうが魅力的になるパターンが増えています。店構えだけで選ぶ時代ではない。ネット検索して、店主の人柄やプロフィール、店内の写真、客の感想文を読んでから、お店の扉までたどり着くことも増えていますよね。

「自宅で、ひとりで働く」ことが可能な仕事は、今後どんどん増えていくことでしょう。

自宅でひとり起業の「メリット」

「ひとりで静かに」「ストレスフリー」「両立」「自由」「柔軟性」

　ネットや家電の進化により、自宅でもできることが増えています。それを活かした働き方がひとり起業です。まず、自宅で働くことの11の「メリット」を見てみましょう。

①**通勤時間がない**　移動時間がないと、ストレスフリー。通勤にかかる時間を仕事や家事、趣味に充てることができます。

②**住む場所を自由に選ぶことができる**　お客様に実際に会うことが少ない場合、パソコンやスマホで通信すれば仕事ができます。インターネットを最大限活用すると決め、自然の多い場所に移住して起業する人もいます。

③**24時間のスケジュールを自由に組める**　拙著『マイペースで働く！ 女子のひとり起業』（同文舘出版）にも書きましたが、ひとり起業家は1日のスケジュールを自由に組むことができます。

④**ひとりで仕事ができる**　「仕事部屋に引きこもって集中作業」できるのが自宅起業の強み。

⑤**昼食を夕食の残り物でサッと済ませられる**　ランチに並ぶ時間さえ省略できます。ランチ代が浮くのは、節約にもなります。集中できる午前中から午後過ぎまでを仕事に使えるのは、思った以上に効果的。

⑥**固定費が抑えられる**　ひとり起業で人件費がかからない上に、お店や事務所の家賃がなければ、固定費が大幅に抑えられます。

⑦**家事、育児、介護と両立できる**　「3時間だけ病院に行く」「午前中はPTA役員で学校へ」「仕事の合間に、スーパーに買い物に行く」「店にお客様が来るまで、野菜を刻む」といった時間のやりくりができます。自宅→○○（病院、施設、学校、スーパー）→自宅という動き方が可能で、効率的。

⑧**髪型や服装は、自由**　「職場の規則」等は特にありませんので「髪型」「髪色」は自由。服装も自由で、自宅で作業をしている間は「パジャマ」でも「短パン」でもOKです。

⑨**その日の体調に合わせた働き方ができる**　病気で調子が悪い時でも、メールの返信や簡単なWeb更新は可能。病気だから欠勤、ではなく、最低限のコミュニケーションは取れます。その一方、疲れた時は、すぐに横になることができます。

⑩**住宅を新築した場合、税制の優遇がある**　58ページで解説するように、自宅の一部を店舗やサロンにした場合、税制の優遇があります。そのために昔から、自宅兼店舗にする経営者も多いのです。

⑪**機器の持ち運びがなく、荷物フリー**　最近は、インディーズバンドも自宅で販売用の楽曲を録音してしまうそうです（以前なら、音楽スタジオを借りた!?）。以前よりも安価で自宅の小スペースに置ける機器が揃ってきたからなのでしょうか。

03 自宅でひとり起業の 「デメリット」とその解決法

気づけば「長時間労働」「段ボールの山」 「運動不足」

　自宅で働くことの「デメリット」とその解決策は、以下のように なっています。

①**生活（プライベート）と仕事の「区切り」がつけにくい**　外で仕 事をする場合は、通勤時間の中で気分が仕事モードに切り替わ り、職場で完全に「仕事脳」となることができます。自宅では、 自己コントロールしない限り、テンションが上がりませんね。

　解決法　音楽を聞く（仕事スイッチが入る曲が誰にでもありま すね）、仕事中に通る通路はすべて整頓しておく。空間がもの で散らかっていると、気分まで散ってイライラしてしまうので、 家族のもの（例えば、洗濯物やおもちゃ）は目につかない場所 に置く等。

②**慢性的な「運動不足」**　移動時間がないのはラクですが、同時に 運動量が減ってしまい、体はガチガチのコチコチに凝り固まっ てしまいます。

　解決法　買い物に車や自転車をなるべく使わず、歩く。ジムや ヨガに通う、朝一番に 20 分間ストレッチをする習慣をつける。

③**モチベーションを上げないと「まあ、いいや」になりがち**　あな たの家の近所に、「商品はおいしいのに、小ぎれいではない」と いうお店がありませんか。商売へのモチベーションを自ら上げ ていかないと、「まあ、この程度でいいか」と、掃除が行き届か

なくなったりします。「きれいにして新商品を出せば、売上が3割アップしそう」なんて内心思ったりして。

解決法 「成功して上をめざしている人」（モチベーションの高い人）とつき合うこと。「周りの人の影響」は大きいもの。考え方、口癖、趣味まで影響を受けていきます。偏見かもしれませんが、成長といいますかよい意味での変化をし続ける人は、「新しい人」や「20代の若者」とつき合う機会を開拓していますね。

緊張感がなくなるのは、「1日ずっと同じ場所や街」にいるから。「場所の使い分け」が自宅をよい仕事場にするコツです。仕事の準備場所とステージは分けましょう。例えば、アイデアを出すようなミーティングは雰囲気のいいカフェ、風通しのいい公園とか。

④**長時間労働になりやすい** 自宅を仕事場にすると、「24時間いつでも仕事ができる」という状態に。早朝、寝る直前、いつでも気づいた時に仕事に向かうことができてしまいます。

解決法 「健康のために、夕方7時以降は仕事をしない」「20〜30代は夜中まで仕事をしたけれど、40代になって、早朝から午後まで集中して仕事をする生活スタイルに切り替えた」という先輩の例も。

⑤**仕事の荷物がスペースを圧迫** 自宅に仕事の資料や道具、段ボールがどんどん増えます。

解決法 書類が入った段ボールが増えていくことに関しては、一般企業と同じで「ペーパーレス化」で対応しましょう。また、自宅オフィス用のコンパクトな机、棚、収納用品、事務処理機器が増え、ネットで安価なタイプを探せます。

「自宅で働く」に 向いている人 7つの特徴

「仕事場は自宅」には向き不向きがある!

　自宅で働くことに、「向いている人」がいます。以下のような7項目に当てはまるものがあれば、自宅でひとり起業をはじめることが有意義な選択になるでしょう。

①**ひとりで長時間過ごしても寂しくならない**　「ひとりで過ごすことがラクでいい」というタイプの人は向いています。今まで経験した仕事の中で、一番楽しかった仕事を思い出してみてください。それは「ひとりで行なう」仕事ではないですか?　「ひとり」時間を好む人は、自宅で働くことに向いています。

②**自分であれこれ考え、自分の思った通りにやってみたい**　ひとり起業の場合、すべて自己責任。それでも、何から何まで「自分でアイデアを生み出したい」「自分なりの方法で、特長を出したい」「自分でやってみよう!」という意欲と行動力がある人。

③**マイペースにコツコツ取り組みたい**　誰かに監視されるより、「自分のペース」で行なうほうがうまくいく人。

④**「電話」があまり好きでない**　話をするなら、「電話」より「メール」や「直接会うこと」が好き。人とのコミュニケーションは好きだけれど、「突然、電話がかかってくる」「電話をかける」ことが得意でない、という人。

⑤周りが気になり、他人の「感情」「機嫌」に影響されやすい　いつも周囲に気を使ってしまい、周りの影響を受けやすい人。さまざまな人が行き交う職場では、自分だけの世界に入ることが難しい、人の感情や機嫌に寄り添ってしまい、仕事に集中できない人。

⑥アート系、右脳派の人。「絵」「音楽」「本」「写真」が好き　感受性が豊かで芸術好きな人は、ひとり作業が得意。その繊細さゆえに、静かな空間のほうが仕事が進みます。アイデアが豊富な右脳派の人もひとりで作品作りができます。お店を運営しても、店の裏の工房でひっそりと作品制作に勤しみたいタイプかもしれません。

⑦仕事内容が「自己完結型」である　お客様や得意先と会話をしながら進める仕事の場合、コミュニケーションを取りやすいように、一緒の空間に集まったほうが成果は上がります。その一方、もの作り、ネット通販やパソコンを使った仕事のように「8時間、黙々と作品を作ったり、パソコンとにらめっこ」なら、「メールや電話でのコミュニケーション」が取りやすく、作業が自己完結しやすいので自宅でも仕事ができます。

　とはいえ、自宅でひとり起業をしながら、多くの人をまとめるような仕事をして大活躍している先輩も多くいらっしゃいます。「演説をして、人をまとめる」「自分にない能力を持つ優秀な人を集め、チームを組む」。自宅を拠点にしながら、定期的に多人数で集まるというやり方です。

コストゼロの顧客獲得は「HP」「ブログ」「FB」「SNS」

自宅にいながら集客ができるのは
インターネットのおかげ！

　洋服でさえ、試着できる店舗で買う機会が減り、便利なネットショップで購入する機会が増えていませんか。「インターネット」の存在が年々、大きくなっています。ひとり起業家が自宅で、どんな種類の活動でもできるようになったのは、ネットが進化してきたからです。私が 2002 年初春に起業した時点で、すでにネットが進化しはじめていました。「ネットがなければ、今のような活動はできないだろう」と身震いする時さえあります。

「フォトジェニック（写真の見栄え）」と「ピンとくる個性」で

　まず大事なのは、皆さんもご存じの通り、「写真」と「イメージ（ブランドの印象）」。「写真の見栄え」に凝るひとり起業家さんが増えています。視覚イメージが商売そのものを左右するからですね。特に、お店や食べ物、雑貨等は、顧客や見込み客が写真を撮って、インターネットで宣伝までしてくれる場面が増えました。

　「自宅」で「ひとり起業」する際に、活用すると効果的な 6 つの Web ツールを確認してみましょう。

ホームページ（HP）、ネットショップ　商売すべてのベースとなる HP。ネット通販を行なう場合は、自店のネットショップだけだが、実店舗も運営する場合、しっかりとした HP を持ち、ネットショップのページと分けることも多い。しかし、ひとり起業家の中には、HP を持たず、ブログや Facebook（FB）のみで営業している人

も多い。HP を開設する理由は、「無料ブログのみだと、突然ブログが閉鎖される事態が起きた場合に情報提供手段がなくなってしまう」「FB は、過去の記事が蓄積されない」から。

ブログ　無料ブログは、起業家が第一歩を踏み出しやすい場所。HP 代わりに独自ブログを構築するひとり起業家は増えている。ブログの長所は、長い文章が書ける上、記事が蓄積されていくこと。記事が溜まるほど、ネット検索からブログを訪問する人が増え、自分のビジネスを奥深く知ってもらえる。

Facebook　お客様と小マメにやり取りをするのが得意な人は、Facebook。「屋号」のアカウントを作り、商品やイベント、営業時間等を毎日更新。過去の記事が残らないので、残したい内容はHP やブログにも記載。

Twitter　短文（140字）で投稿できるので、「今日も営業しています。来てくださいね」等、情報をすぐに伝えられる。過去の情報は蓄積できないので、他に蓄積型サイト（HP、ブログ等）は持つべき。

インスタグラム（略してインスタ）　写真の投稿で「でき上がった作品を素敵に見せる」「人が集まった場所の雰囲気を伝える」。操作が簡単。お客様が投稿した写真によって、人気が爆発する事例が続出中。

YouTube　宣伝動画を作って動画共有サイト YouTube にアップすれば、わかりやすい宣伝ができる。「商品の使い方」「イベントや教室の様子」を伝える用途で活用しよう。

「ネットショップ」の作り方

開業への準備〈ネットショップ編〉

　自宅の一角に商品在庫を置いて、パソコン1つでできるネットショップ。低リスクではじめることができますね。商品を本格的に販売することができますし、「自分の作品をネット上で展示する場」にもなります。

　それでは、基本の5ステップを見ていきましょう。

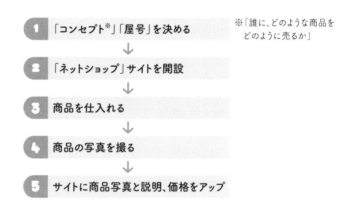

1　「コンセプト※」「屋号」を決める　　※「誰に、どのような商品をどのように売るか」
↓
2　「ネットショップ」サイトを開設
↓
3　商品を仕入れる
↓
4　商品の写真を撮る
↓
5　サイトに商品写真と説明、価格をアップ

お客様からの購入情報を得たら、商品を梱包して発送します。

無料または安価で開設できる、ネットショップサービス

　起業当初はあまりお金をかけずにネットショップを開設するひとり起業家さんも多くいらっしゃいます。

　以下のサービスにはデザインの「テンプレート」があり、好きなデザイン、必要な項目を選んでいくと簡単にネットショップの外観ができ上がります。ショッピングカート、クレジット決済機能も装

備されているので、商品の写真と説明文をアップすればショップができ上がります。

【月額制】

「カラーミーショップ」	https://shop-pro.jp/
「MakeShop」	https://www.makeshop.jp/
「ショップサーブ」	https://sps.estore.jp/
「FutureShop2」	https://www.future-shop.jp/

【無料】

「BASE」	https://thebase.in/
「STORES.jp」	https://stores.jp/（本格的運用は月額約1000円）

　ハンドメイドの手芸品や家具、菓子類は、以下のサイトも併用して販売する人が増えています。出店料は無料、商品が売れた際に販売手数料（条件により8〜20％等）がかかります。

「minne（ミンネ）」	https://minne.com/
「iichi（いいち）」	https://www.iichi.com/
「Creema（クリーマ）」	https://www.creema.jp/

集客できる「仕組み」を作ろう

　ネットショップで一番頭を悩ませるのは、「どのようにすれば、お客様に巡り合えるか」ということ。集客の方法は起業前から考え、開設後も日々、自分に合うものを探し続けていくことになります。まず開設当初に、以下のような事柄に取り組みましょう。

・ブログを書き、ショップの宣伝をする

・Facebook、Twitter で宣伝、コミュニケーションを取る

・インスタグラムに、商品の良好なイメージ写真を投稿

・SEO 対策（ネット検索で、上位に表示されやすくする工夫）：お客様が検索しそうな「キーワード」を 100 個挙げて、それをサイトや商品の説明文に組み込む

07 「おうちショップ」の作り方

開業への準備〈実店舗編〉

　一軒家の1階やお庭、ガレージ。自宅の一部をお店にする、職住接近の住まい。物件を借りるのとは違い、家賃がかからない分、売上高を意識し過ぎることなく、自分らしい商売の仕方ができますね。

　では、どのように「おうちショップ」を作ればよいのでしょう。基本の5ステップを見てみましょう。

1 「コンセプト※」「店の場所」「屋号」を決める
※「誰に、どのような商品をどのように売るか」

↓

2 施工業者を決める

↓

3 内装、外装の工事（数ヶ月間）

↓

4 完成した店内に陳列棚やショーケースを配置

↓

5 商品を並べ、看板を出す

初期費用を安価に抑えるには？

　おうちショップを低コストではじめるコツは、「内装、外装費」と「什器、備品」をできる限り安く抑えること（拙著『マイペースで働く！　女子のひとり起業』参照）。キーワードは「手作り」と「中古品の活用」。こんな風にして開業コストを抑えた起業家さんがいらっしゃいますよ。

【内装・外装費の例】

・ホームセンターで木の板をたくさん買って来て、日曜大工

・友人に声をかけて、壁のペンキは自分達で塗った

・○○工事は、資格を持っている親戚に頼んだ

【什器、備品の例】

・実家にあった棚をもらってきて、店舗に置いた

・中古用品店でテーブルを買い、白のペンキを塗った

・販売用の家具を陳列棚に見立てて、商品を並べた（同時に販売中）

集客手段は「手作りチラシ」と「ネット」

　店舗を作っている段階から、集客をはじめましょう。「○日にオープン予定」等の情報や工事の様子を写真で伝えます。それを見た人やお友達が「行ってみよう！」と、最初のお客様になってくれることでしょう。

【安価にできる集客法の例】

・手作りチラシ（A4 サイズやポストカード）を自宅でプリントアウトして、近所にポスティング

・ブログを書き、ショップの宣伝をする（地域の情報を集めたブログを書いている友人を招待して記事を書いてもらうのもよい）

・Facebook、Twitter で宣伝、コミュニケーションを取る

・インスタグラムに店舗や商品のイメージや世界観を写真投稿

・SEO 対策（ネット検索で、上位に表示されやすくする工夫）：地域密着型で検索でヒットするよう、店舗がある「市区町村名」、商品・サービスの「キーワード」をサイト名や説明文に盛り込む

08 「飲食店」（レストラン・カフェ）の作り方

開業への準備〈飲食店編〉

　開放感のある明るい自宅レストランでくつろぐことを楽しみにいらっしゃるお客様。飲食店を作るためには、保健所の営業許可が必要です（64 ページ）。ポイントは、「飲食店をはじめようと思ったら、まず保健所に相談する」こと。工事がはじまった後に図面変更をするなんてつらいですよね。あなたの自宅に合った図面や厨房設備の工夫があります。基本の 7 ステップを見てみましょう。

1 「コンセプト※」「店の場所」「屋号」を決める
「誰に、どのような商品をどのように売るか」
↓

2 所轄「保健所」に、図面を持って相談に行く
↓

3 施工業者を決める
↓

4 内装、外装の工事（数ヶ月間）
↓

5 保健所の営業許可を取る（64ページ参照）
↓

6 完成した厨房に、冷蔵庫・作業台・オーブン等を並べる。店内に、テーブル・椅子を配置
↓

7 オープン当日の食材を準備し、看板を出す

店舗兼自宅の「居抜き」物件なら、内外装費を節約

　飲食店をはじめる場合、厨房設備を整えることにお金がかかります。賃貸物件を探している場合、「居抜き」物件を借りれば、設備費や工事代が節約できます。「店舗兼自宅だった居抜きの一軒家に引越した。元は寿司屋さんだったので、厨房やカウンターを有効活用できた」という起業家さんもいます。

中古品で揃えると安価なテーブル、椅子、食器

　飲食店に必ず必要な「テーブル」「椅子」「食器」。新品を揃えたい気持ちが湧き上がる中、中古品で「味を出す」ことが小資金での開業につながります。味のあるカフェの椅子は全部バラバラで、それが居心地のいい空間になったりして不思議です。

　もともと自宅で使っていたもの、知人から譲り受けたものを活用したり、中古用品店を回って探す、ネットで好みのデザインの家具を探して購入する等、工夫してみましょう。

店主自ら、SNSやグルメサイトでお店や料理を宣伝しよう

　人通りの多い道に面していれば自然と集客につながりますが、住宅街等では、自ら宣伝しない限り来客は難しいもの。1,000円以内でできる集客方法を組み合わせ、お客様を取り込みましょう。

【安価にできる集客法の例】

・手作りチラシを自宅でプリントアウトして、近所にポスティング

・「食べログ」等の飲食店クチコミサイトに、ショップ情報を掲載

・ブログや Facebook、Twitter に料理や店内のことを書き、宣伝

・インスタグラムに、料理のおいしそうな写真を投稿

・SEO 対策（ネット検索で、上位に表示されやすくする工夫）：店舗がある「市区町村名」、メニューの「キーワード」をサイト名や商品の説明文に組み込む

事業のコンセプトを作ろう

基本的な7つの要素を書込みシートに書き出そう

　起業する、ってどんなことでしょうか。それは、「あなた独自の事業を組み立てて、それを実行すること」です。最初から売上をたくさんあげよう！　なんて思わなくても大丈夫。まず、商品・サービスを販売する箱（リアルなお店やネットショップ）を作って、商品を1つ並べてみることからはじめましょう。

　では、何を考えて、決めればあなた独自の事業ができ上がるのでしょうか。次の7つのポイントがあります。事業計画（ビジネスプラン）のもとになる、基本的な要素です。

事業計画（ビジネスプラン）の基になる7つの要素

①「何を売るか?」中心となる商品・サービス

　自分が売りたいものは何なのか？　それは、自宅で売れそうか？

②「誰に?」顧客ターゲット

　お客様になってくれる人は、どんな人？　知人のあの人はどう？それはどんな人？（年齢、日頃の洋服、好きなお店やブランドは？等、具体的に書き出そう）

③「いくらで?」価格

　1回にまとめていくら購入してくれるか？　つまり「客単価」。理想論でなく、現実的な目で。

④「どこで?」場所

　今回は主に自宅が開業場所ですね。1階、または2階？　お庭、駐車場（ガレージ）？　または、自宅を事務所拠点にして各地に出張する？

⑤「どのような売り方で?」販路・販売方法

　実店舗でお客様に直接売る？　それとも、ネットショップではじめる？　自分は商品を作って、誰かに売ってもらう（委託販売）？一般客に売らないで、自宅を事務所にレストランや会社に卸し売り？

⑥「どんな店、サロンにするか?」店舗形態

　自宅1階の半分をオシャレな実店舗・サロンに？　はじめは無料で制作できるネットショップ？　移動販売車で出張する？

⑦「お客様を助ける、喜ばせるサービスは?」付加価値

　商品を購入してくれたお客様に、無料サービスを提供することは、そのお店の付加価値になりますね。例えば、30分はお客様の話を聞き続ける（無料の聞き上手サービス）、どんなに嫌なことがあった日でも威勢のいい「いらっしゃいませ」、驚くほど素敵なラッピング等、お客様に「またこの店に来よう」と思ってもらえる幸せ感満載の無料サービスを考えていきます。

　さあ、あなたも今考えているビジネスについて、次ページの表に書き込んでみましょう。書き直しは何度しても構いません。
　参考例として「パン店」「立ち飲み居酒屋」をはじめる場合について記載されていますので、読んでみてください。

自宅でひとり起業の基礎知識

【書込みシート】事業コンセプトの基本となる7つの要素

		（例）パン店
① **何を売るか?**	中心となる 商品・サービス	オシャレだけど、週に1回は買える手頃なパン（ゆくゆくは、かわいいケーキも置きたい）
② **誰に?**	顧客ターゲット	近所の20〜70代の女性、20〜40代のパン好きな男性
③ **いくらで?**	価格	1個200円くらい。2〜3個で800円以内。食パンは一斤700円くらい
④ **どこで?**	場所	自宅の1階。通りに面した場所を改装して
⑤ **どのような** **売り方で?**	販路・販売方法	ショーケースだけ見せて、店頭販売。焼き菓子やドライフルーツを独自配合したハード系パンはいずれネット通販したい
⑥ **どんな店、** **サロンにするか?**	店舗形態	好きな○○カフェみたいな外観、白と茶色を基調にした外観、シンプルでオシャレな実店舗（ネットショップは実店舗が軌道に乗ったら少しずつ開始）
⑦ **お客様を助ける、** **喜ばせる** **サービスは?**	付加価値	センスのいいラッピング。毎月かわいい動物クッキーを1種類制作（100円で販売） 誕生日カードをつける。笑顔の接客

(例)立ち飲み居酒屋	あなたのビジネス 「　　　　　　　」
アルコール（日本酒、焼酎、サワー）、おでん、つまみの野菜料理	
会社帰りに一杯飲む、酒好きな人	
一品料理、アルコール類はすべて300円にしたい。客単価は2,000円強	
商店街から少し入った、裏通りの祖父の家（いまは空き家）。1階を改装して使用予定	
カウンターを設置して6席、立ち飲み用テーブルを2つくらい。わいわい楽しく飲める店にしたい	
古い家の外観を活かしたオヤジの店。入り口は狭くして、常連も新しいお客様も気軽に入れる、昭和の風情がある店	
とにかく安い価格。日本海の漁師（知人）から直送した活きのいい魚を安く提供。酒場でもケンカが起きないように目を配る。客のえこひいきはしない（常連には特別サービスはする）。立ち飲みしやすいテーブルの高さは研究中	

開業に必要なお金はいくら？【開業資金】

あなたの開業資金を見積もろう

開業資金を見積もり、半年前から準備しよう

　起業したい業種を自宅で行なう場合、どれくらいの開業資金が必要なのかを見積もりましょう。

　少資金ではじめらるならすぐに開業できるかもしれませんし、資金調達が必要になるかもしれません。開業の半年前には必要な資金額を計算してみましょう。

　例えば、自宅の1階を改装して、「お店」「サロン」「事務所」にする場合には次のような設備が必要になります。あなたのビジネスには、どのような項目と金額が必要となるのかを、40ページの表に項目別に必要な金額を書き込みながら考えてみましょう。

①店舗部分の内外装費

　内装工事：壁、床、カウンターの設置等

　外装工事：店の外観、入り口、店頭照明等

　電気・ガス・水道工事、空調工事

②調理厨房の内装費（飲食店の場合）

　換気設備、二槽シンク、ガスコンロ、冷蔵庫、冷凍庫、製氷機、オーブン、電子レンジ、炊飯器、食器洗浄機、作業台、棚、調理器具等

③店舗部分のインテリア、什器

レジスターを置いたり、包装する台、商品を並べるショーケース、テーブル、椅子、ディスプレイ棚

④接客のためのもの

食器（皿、グラス、カップ＆ソーサー等）、ラッピング用品（梱包紙、シール、紙袋）、レジスター

⑤商品の仕入れ

開店・開業時に必要な商品や原材料の仕入れ

⑥店頭の宣伝道具

看板、のぼり旗

⑦宣伝広告費

チラシ、ショップカードの制作、HP制作、また（開業後でもよい）SEO対策をSEO業者に依頼

⑧通信機器、パソコン、インターネット関連

固定電話（ひとり起業ならなくてもOK）、携帯電話、パソコン、ソフトウェア、プリンター等のパソコン周辺機器、インターネット接続プロバイダ初期費用

⑨会社設立費（法人ではじめる場合）

定款認証に関わる収入印紙代、認証手数料等、出資金払込み手数料、登録免許税（登記所で登記申請時）、登記簿謄本、印鑑証明等

11 起業した後、毎月かかる お金はいくら?【運転資金】

運転資金を計算してみよう

　大切なお金の話。実は、「起業してすぐに資金が底をつく」という事態に陥ることがあります。起業当初から売上が十分に上がるとは限らないのに、それを見込んでいない場合が多いのです。

　ひとり起業塾のセミナーでは常々、低リスクで長く続けられる起業と経営の方法についてお伝えしています。事業をはじめる前から、「起業後のお金」についてしっかり考えておくことが重要なのです。

　起業後のお金とは、事業を継続していくための「運転資金」のこと。運転資金として「毎月かかる経費」と「あなた自身の毎月の生活費」を計算して、起業前に準備しておきます。

　それでは、詳しい項目について見ていきましょう。

毎月かかる経費

　事業にかかる一番大きな経費は「家賃」と「人件費」です。自宅でひとり起業なら、家賃の心配は大きくないでしょう。自宅起業が長続きする秘訣がここにあります。

①**店舗スペースの維持費**　家賃（賃貸の場合）、水道光熱費（自宅全体のうち、店舗サロン・事務所の割合を按分）、駐車場代
②**イベント出店、会場にかかる費用**　イベント出店料等
③**人件費**　アルバイト人件費
④**外注費**　例えば、経理の代行
⑤**商品の仕入れ代**　原材料や商品の仕入れ
⑥**消耗品費**　梱包材、治療用使い捨て品、印刷用品、文房具等

⑦**宣伝広告費**　宣伝広告の出稿代、チラシ、ショップカード、HP
維持、SEO 対策

⑧**通信費**　電話代、インターネット接続料

⑨**旅費交通費**　宿泊代、移動にかかる費用、営業車、ガソリン代等

⑩**税金等**　所得税、法人住民税、法人事業税、消費税

毎月の生活費

　どこかに店舗・サロンを構える場合、生活費として「自宅の家
賃」が加わるので高額になります。しかしこの本のテーマは、自宅
の一部や「空き家だったおじいちゃんの家を非常に安価に借りて、
1 階をサロン、その 2 階に住む」といった起業方法です。生活にか
かる費用は、自宅の住居部分の費用に加え、食費や生活用品等がメ
インになるのではないでしょうか。そして、少なくとも半年から 1
年分の生活費を貯金しておきましょう。

　41 ページの表に、想像上の数字でもいいので書き込んでみてく
ださい。1 ヶ月にどれくらいの売上が必要になりますか？

「開業資金」を見積もろう(自宅を改装して、お店・サロン・事務所を作る場合)

(単位:円)

	項目	金額
店舗部分の 内外装費	内装工事(壁、床、カウンターの設置等)	
	外装工事(店の外観、入り口、店頭照明等)	
	電気、ガス、水道工事	
	空調工事	
調理厨房の 内装費 (飲食店の場合)	換気設備、二槽シンク等	
	冷蔵庫、冷凍庫、製氷機	
	オーブン、ガスコンロ	
	食器洗浄機	
	作業台	
	棚	
	調理器具	
店舗部分の インテリア、什器	包装台	
	ショーケース	
	テーブル、椅子	
	ディスプレイ棚	
接客の ためのもの	食器(皿、グラス、カップ&ソーサー等)	
	ラッピング用品(梱包紙、シール、紙袋)	
	レジスター	
商品の仕入れ	商品の仕入れ	
店頭の宣伝道具	看板	
	のぼり旗	
宣伝広告費	チラシ制作	
	ショップカード制作	
	HP制作	
	SEO対策をSEO業者に依頼	
通信機器、 パソコン、 インターネット 関連	固定電話	
	携帯電話	
	パソコン	
	ソフトウェア	
	パソコン周辺機器(プリンター等)	
	インターネット接続プロバイダ初期費用	
会社設立費 (法人ではじめる 場合)	定款認証に関わる収入印紙代、認証手数料等	
	出資金払込み手数料	
	登録免許税(登記所で登記申請時)	
	登記簿謄本、印鑑証明等	
	開業資金　合計	

毎月かかる「運転資金」を計算してみよう
(自宅を改装して、お店・サロン・事務所を作る場合)

(単位:円)

項目		金額
店舗スペースの維持費	家賃（賃貸の場合）	
	水道光熱費（電気、ガス、水道代）	
	駐車場代	
イベント出店、会場にかかる費用	イベント出店費、会場代	
人件費	アルバイト人件費	
外注費	〇〇を外注（例：経理の代行）	
商品の仕入れ代	原材料（食材、もの作りの材料）	
	でき上がった商品	
消耗品費	包装紙、持ち帰り用ケース、割り箸	
	治療道具の刷新や消耗品	
	プリンターインク、プリンター用紙	
	事務用品（文房具、領収書用紙等）	
宣伝広告費	宣伝広告費（Web、紙面）	
	チラシ制作	
	ショップカード制作	
	HP維持費（更新作業を外注する場合）	
	SEO対策をSEO業者に依頼	
通信費	固定電話代	
	携帯電話代	
	インターネット接続料	
旅費交通費	宿泊費（出張時）	
	電車、バス、タクシー	
	営業車の維持費	
	ガソリン代	
税金等	（個人事業主の場合）所得税	
	（法人の場合）法人住民税、法人事業税	
	消費税（売上の8%）	
毎月の運転資金　合計		

12 資金調達の方法「借入れ」「助成金」「補助金」

「手元にあるお金の範囲内で」から「金融機関から融資」まで

　起業する際、心配になるのが「お金」の面ですね。特に、「最初にどれくらいの資金が必要なのか」と「どのように、資金を集めるか（いわゆる資金調達）」。そこで、資金調達の方法について考えてみましょう。

まず「自己資金」を使う

　拙著『マイペースで働く！　女子のひとり起業』にも書いたように、ひとり起業家の場合は、まず「自己資金」で必要な資金の大部分をまかないます。

　具体的には、「カフェを開くために、働いて資金を貯めた」「手持ち資金の範囲で、ネットショップで販売する洋服を仕入れた」というパターン。自己資金では足りないので、家族や親戚に数十万円から数百万円を借りた、という方が多いです。

日本政策金融公庫からの融資

　それに加えて、「金融機関から借入れ」をすることもできます。政府系金融機関である日本政策金融公庫の融資制度は、右ページのようになっています。

日本政策金融公庫の融資制度（一例）

	新規開業資金	女性、若者／シニア起業家資金
融資を受けられる人の要件	・雇用の創出を伴う事業をはじめる ・現在勤務している企業と同じ業種の事業をはじめる ・産業競争力強化法に定める認定特定創業支援事業を受けて事業をはじめる、または、民間金融機関と公庫による協調融資を受けて事業をはじめる	「女性」または「35歳未満か55歳以上の人」 そして、「新たに事業をはじめる」または「事業開始後おおむね7年以内」の人
資金の使いみち	新たに事業をはじめるため または 事業開始後に必要とする資金	新たに事業をはじめるため または 事業開始後に必要とする資金
融資限度額	7,200万円 （うち、運転資金4,800万円まで）	7,200万円 （うち、運転資金4,800万円まで）
貸付期間	運転資金7年 （据置期間2年以内） 設備資金20年 （据置期間2年以内）	運転資金7年 （据置期間2年以内） 設備資金20年 （据置期間2年以内）
貸付利率	担保を不要とする場合の基準利率 2.06〜2.55％ （2018年6月時点）	担保を不要とする場合の基準利率 2.06〜2.55％ （2018年6月時点）

＊要件や数値はすべて2018年6月時点のもの

＊詳しくは日本政策金融公庫のHP（https://www.jfc.go.jp/）を参照

前ページの融資制度等を利用する場合、「新創業融資制度」という無担保、無保証人の特例措置があります。

新創業融資制度

概要	無担保、無保証人（法人の場合、法人代表者の保証も不要）で、創業する人に融資を行なう
対象者	以下（1）から（3）のすべての要件に該当する人。 （1）新たに事業をはじめる人。または事業を開始後、税務申告を2期終えていない人 （2）以下の要件に該当する人 ・雇用の創出を伴う事業をはじめる ・現在勤務している企業と同じ業種の事業をはじめる ・産業競争力強化法に定める認定特定創業支援事業を受けて事業をはじめる、または、民間金融機関と公庫による協調融資を受けて事業をはじめる （3）創業時に、創業資金総額の10分の1を確認できる人（新たに事業をはじめる、または事業開始後税務申告を1期終えていない場合のみ）
融資限度額	3,000万円（うち、運転資金1,500万円まで）

細かい要件を満たす必要がありますので、詳しくは日本政策金融公庫のHP（https://www.jfc.go.jp/）を参照してください。

地方自治体による、起業家への融資制度

都道府県や市区町村といった自治体は、経済の活性化や働き方の多様性として、起業家の育成に力を入れています。多くの自治体は、独自の新規開業者向けの融資制度を設けています。あなたがお住まいの自治体にはどのような融資制度があるか、市区町村の役所や商

工会議所等に問い合わせてみましょう。

これから創業する人向けの「助成金」「補助金」

「助成金」「補助金」とは、行政による支援金で、金額は数十万から数百万円。利子つきの返済が必要な融資に対し、助成金や補助金は目的を達成するために支援される、いわば「返済不要」の資金です。しかし、各種の要件（使用目的等）に当てはまらなければ受け取れません。また、助成金や補助金は原則「後払い」なので注意しましょう。創業前でなく、実際に使った（支払った）金額の何割かを後日受け取れる形式です。

　過去にあった一例として、次のようなものがあります。

創業補助金

補助金額	50万円以上～200万円以内
補助率	条件についてかかった費用の2分の1以内
申請期間	年に1回（書類を提出できる期間は1ヶ月くらい）
備考	申請する前に、認定市区町村から特定創業支援事業を受けておかなければならない

　助成金・補助金についての情報は随時変更されますので、常に情報収集しましょう。

13 個人、法人どちらではじめる?

「個人事業主」「株式会社」
それぞれのメリットとデメリット

　自宅でひとり起業をはじめるなら、まずは「個人」ではじめることになります。小さなお店の経営者やフリーランスの多くは「個人事業主」として働いています（詳しくは48ページ）。その一方、最初から「法人（いわゆる会社）」を設立する人もいます。それはなぜなのでしょうか？　基本的な疑問に、Q&A形式でお答えします。

Q 法人格って何?

　法人には、「株式会社」「合資会社」「合同会社（LLC）」「NPO法人」「一般社団法人」等の種類があります。現在、「株式会社」と「合同会社」はひとり、「一般社団法人」は2人から設立することができます。

Q ひとり起業なのに、なぜ法人を設立してスタートするの?

　ひとり起業なら個人事業主で十分経営できるのですが、場合によっては「法人」のほうがスムーズに物事が運ぶことがあります。例えば、ある経営者は大企業と取引する際、「法人でなければ、取引できない（口座が開けない）ので、株式会社を作ってほしい」と言われたそうです。個人よりも法人のほうが「社会的信用」が得られるのは想像しやすいでしょう。

Q 自分には個人事業主と法人とどちらが合っていますか?

　右ページに個人事業主と法人それぞれのメリット、デメリットを

記しました。あなたの事業にはどちらの形態が合っているかを考え
てみてください。ひとり起業塾セミナーや個別アドバイスでも、ど
ちらが合うかを一緒に考えさせていただいています。

個人事業主、法人　それぞれのメリット、デメリット

	メリット	デメリット
個人事業主	・開業届を提出（ゼロ円）すれば、すぐにはじめられる（48ページ参照）	・信用力が低く、大企業と取引できない場合がある ・累進課税で、売上が一定以上になると税金が法人より高くなる
法人 （株式会社、合同会社等）	・社会的信用がある ・個人より融資が受けやすい	・設立時に費用がかかる ・売上ゼロの時期にも、法人住民税均等割（年間7万円）を納付する必要がある

Q 株式会社の設立手続きは難しいのでは？

　株式会社の設立に必要な期間は、最短で1週間強。設立の手順は、
下にあるように、自宅（本店）所在地を所轄する公証役場や法務局
で手続きをすることになります。手間はかかりますが自分で手続き
することもできますし、手続きすべてを外注することもできます。

株式会社の設立手順

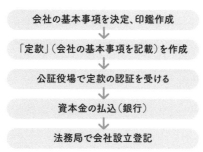

会社の基本事項を決定、印鑑作成
↓
「定款」（会社の基本事項を記載）を作成
↓
公証役場で定款の認証を受ける
↓
資本金の払込（銀行）
↓
法務局で会社設立登記

個人事業主の「開業手続き」と「確定申告」のこと

青色申告とは？　書類を提出する時期は？

　起業（事業をスタート）したら、「個人事業主」として開業手続きをしましょう。

開業手続きのキーワードは「税務署への開業届」と「青色申告」

　自宅のある地域を所轄している税務署に「個人事業の開業・廃業等届出書」（A4用紙1枚。いわゆる、開業届）を提出します。開業届は税務署の窓口で入手、またはインターネットで「国税庁　開業届出」と検索するとプリントアウト用PDFのあるページが出てきます。事業開始から1ヶ月以内に提出しましょう。また、「所得税の青色申告承認申請書」も併せて提出するといいでしょう。

「所得税の青色申告承認申請書」とは？　いわゆる「青色申告」

　起業して売上があがるようになると毎年、確定申告をすることになります。確定申告には「白色申告」と「青色申告」の2種類があります。青色申告には、複式簿記（または簡易簿記）、記帳や損益計算書作成の必要がありますが、節税メリットがあるのでお勧めです。開業から2ヶ月以内に「所得税の青色申告承認申請書」（A4用紙1枚）を提出することで、青色申告事業者となります。

「確定申告」とは？

　確定申告は毎年1回（2月16日〜3月15日の間）行ないます。昨年1年間（1〜12月）の「売上」と売上から経費を差し引いた「所得」を書いて提出します。課税所得によって、所得税額が決定され

ます。年間所得が 38 万円超（会社員が副業収入を得る場合、年間所得が 20 万円超）になったら、確定申告をする必要があります。確定申告書や確定申告に必要な各種様式は、国税庁の HP からダウンロードして印刷することができます。税務署でも入手できるほか、所轄税務署に問い合わせれば郵送してもらうこともできます。

売上を合算する期間：1 月 1 日〜 12 月 31 日
確定申告の時期：翌年の 2 月 16 日〜 3 月 15 日の間

まとめ

・事業を開始して 1 ヶ月以内に、所轄税務署に「開業届」を提出

・確定申告で節税効果がある「青色申告」をしよう（事業開始から 2 ヶ月以内に「所得税の青色申告承認申請書」を提出）

・2 月 16 日から 3 月 15 日の間に確定申告をしよう

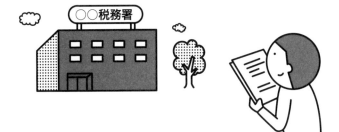

15 自宅を店舗にする場合の注意点

自宅を店舗にすることはとても楽しい反面、「どのような人がお客様として来店されるかわからない」という不安もついて回ります。そこで、自宅店舗にはどのような危険性があるのか、対処法とともに考えてみたいと思います。

一軒家の場合

① **店舗の入り口とプライベートな玄関は分ける** 「将来、お店がしたい」という希望を持って一軒家を建てる場合には、店舗の入り口とプライベートな玄関は分けて作るといいでしょう。1つの玄関を仕事とプライベートで共用する場合、すべての部屋に鍵をかける等の防犯対策が必要です。

② **生活空間（プライベート）が見えにくい作りに** 生活感を感じない店のほうがお客様にとっては嬉しいもの。プライベートが一番見えやすいのは、洗濯物と枯れた草木。物干しがあるベランダの壁を少し高くするだけで、洗濯物が見えにくくなります。

マンションの場合はオーナーや管理組合の許可を取ってから

賃貸の場合 不特定多数の人が入ることを好まないマンションオーナーは多いものです。開業前に、オーナーに相談に伺いましょう。

持ち家の場合 開業前に、管理組合に相談しましょう。料理教室のように「1週間に2～3名ならよい」等、条件があるでしょう。

店内の導線設計

①**店主からすべて見渡せるレイアウトに**　ひとり店主の場合は、「店内がすべて見渡せる」レイアウトにすることが大切です。店内もあまり広くないほうが管理しやすいでしょう。

②**店舗の入り口は一箇所だけ**　店舗の入り口は、店主がいつも立つ場所（レジの奥、横）から見えやすい場所に設置し、一箇所に限定。お客様の出入りがすべて見えるようにしましょう。

③**お客様と気持ちよく過ごせる工夫**　店舗をひとりで切り盛りしていると、店内に複数のお客様がいる場合、両方に目を届かせるのが難しくなります。そこで気をつけたいのが、商品や備品の盗難にあうこと。あまり考えたくないことですが、よくある事例のようです。「小さな置き物」等は、窓の近くに置く（窓の外から他人の目がある）、ガラス棚の中に飾る等、防犯の工夫を。

④**トイレは安易に貸さない**　「サービス範囲をあえて限定」は、個人店ならではのやり方。一般の店とは違い、ひとり店主にはできる範囲が決まっています。飲食店以外では「申し訳ありません、トイレはお貸ししておりません」という強さも必要です。

近所づき合い　住宅街なら、開店前に挨拶に行く

　不定期・少人数レッスンならそれほど騒音等はありませんが、カフェや飲食店となれば、賑やかな声が響き渡ることでしょう。トラブルは未然に防ぎたいもの。事前に、近隣のご家庭にご挨拶に伺い、「ご迷惑をおかけするかもしれません」とお断りをお伝えしましょう。

　ひとりで切り盛りしてもお店を安全に運営できるよう、さまざまな工夫を凝らしましょう。

PART
1

自宅でひとり起業の基礎知識

16 新築・改装する前に確認すべき「床面積」のポイント

【店舗併用住宅】には「建築基準法」の制限あり

「自宅でお店・サロンを開く」には、建築基準法による、立地や店舗面積についての制限があります。自宅を新築、改装する前に、どのような制限があるのかをしっかり確認しておきましょう。市区町村の役所（都市計画課等）に、「自宅や土地の図面」と「店舗のイメージ図（手書きも可）」を持参し、「予定している事業内容（カフェ、美容院、動物病院等）」を説明して、どのような大きさの店舗（サロン）なら作れるのかを相談に行くといいでしょう。

事前に確認するポイントは、以下の3つです。

1 自宅の「店舗スペースにできる割合」とは？（建築基準法）

建築基準法では「店舗併用住宅で、店舗スペースに使用できる割合」について、以下のように決められています。

（1）店舗の床面積は建物の延べ床面積の50％を超えない（つまり、住居部分は50％以上にする）

（2）店舗スペースの総面積は、50平方メートル以下

（3）住宅街である第一種低層住居専用地域の場合：住居と店舗スペースが分離されていなくて（住居と店舗がどこかでくっついている）、住居と店舗スペースが内部で行き来できること。(1)(2)を満たす小規模な店舗・サロンを開業できるが、厨房施設で「原動機」を使う場合、出力の合計が0.75kw以下となるようにしなければならない

2 自宅がある（建てる）土地の「用途地域」

　都市計画法で定められた用途地域とは、その土地に「どのような建物を建てることができるかの制限」です。用途制限には、「住居」「商業店舗や事務所」「工場・倉庫」等があります。住宅街なので小規模な店舗併用住宅でも制限がある「第一種低層住居専用地域」から、住宅が建築できない「工業専用地域」まで13種類あります。

【用途地域を確認する方法】

・都道府県や市町村の役所に行って、「都市計画図」を確認
・インターネットで、「都道府県・市町村名　都市計画図」で検索（名古屋市ならば「名古屋市　都市計画図」等）

3 土地によって定められた「建ぺい率」「容積率」「高さ」

　地域によって、「建ぺい率」や「容積率」「建物の高さ」の制限が定められています（比率は、上記の都市計画図に記載）。その数字に準じた建物にする必要があります。

> 建ぺい率　＝　建築面積　／　敷地の広さ（面積）
> 「敷地の広さ（面積）」に対する、「建築面積」の割合
>
> 容積率　＝　建築物の「延べ床面積」　／　敷地の広さ（面積）
> 「敷地の広さ（面積）」に対する、建築物の「延べ床面積」の割合

17 今ある自宅を「改装する費用」とポイント5つ

改装する手順、改装する部分、費用は?

お住まいの自宅や、空き家になっている「おじいちゃん、おばあちゃんの家」を改装してお店やサロンにする方も多いことでしょう。

まず、「改装」する際の順序について見ていきましょう。

 1 自宅がある土地の「用途地域」を調べ、
店舗に使用できる床面積を確認(52ページ)

↓

 2 お店のレイアウト図(店舗設計図)を描く

最初は、ラフなスケッチでOK

↓

 3 「イメージ写真」(本、ネット情報)を集める
(コンセプトを「言葉」+「写真」で伝えるため)

↓

 4 「手作りできる部分」「専門業者に頼む部分」を
書き出して分類

↓

 5 3〜4社の業者に「見積もり」を依頼(項目の詳細を記載
してもらう)し、比較検討の上、業者と契約・発注

↓

 6 施工開始。自宅なので、毎日一緒に作業をしたり、
目視しながら気になるところは細かく依頼

↓

7 店舗というあなたのステージが完成

改装する部分はどこ?

　店舗にしやすいのは、自宅の1階部分。さて、何を改装すればいいのでしょうか?　以下のような部分を店舗用に変身させます。

【内装】

・壁：ペンキを塗る、壁紙を張り替える（日曜大工も可能）
・床：土足で上がれるよう、床板を貼る（床用の木材をホームセンターで購入も可。木材を貼る作業は大工さんに依頼）
・天井：ペンキを塗る（業態によっては構造材をむき出しでもオシャレになりそうです）
・電気工事：安全のため、業者に依頼したい（照明器具の取りつけだけなら自分でできる）
・エアコン、空調設備：業者による取りつけ

　その他、
・壁に備えつけの「棚」：ホームセンターで買った板の取りつけも可
・「カウンター」の設置：飲食用のカウンター、レジを置く台

【外装】

・外壁：ペンキを塗ることもある（そのままでも可）
・店頭テントの設置：店らしい雰囲気が出せる
・入り口にウッドデッキの設置：段差がある場合、雰囲気が出る

【飲食店の厨房設備】

　上記に加え、食品衛生法に準じた厨房設備が必要です（66ページ）。すべて業者に頼むことになります。
・水に対応できる「床」
・「二槽シンク」の設置

・給排水、ガス、電気の工事

・給排気の工事

・クーラー等の空調設備工事

　厨房機器として購入するのは、換気設備、二槽シンク、ガスコンロ、冷蔵庫、冷凍庫、製氷機、オーブン、電子レンジ、炊飯器、食器洗浄機、作業台、棚、調理器具等。

改装する際の5つのポイント

①**建築基準法に則って、店舗スペースを確認**　自宅の一部を店舗・サロンにすると、建築基準法上、「店舗併用住宅」という分類になります。店舗併用住宅は「住宅が50％以上」「店舗スペースは50平方メートル以内」にする必要があります（52ページ参照）。

②**できる限り「手作り」**　この本の随所に出てきますが、「床貼り」「天井や壁をペンキで塗る」「お店の前にあるデッキ・長ベンチ等の家具制作」など、手作りした起業家さんは多くいます。ホームセンターで木材やペンキを買って来て、友人知人に手伝ってもらいながら、時間をかけて日曜大工。大きな板を買って白いペンキを塗り、店名を書けば、立派な看板に。入り口の横に立てかけるだけでもカッコいいですね。

③**「中古品」の活用**　中古品店を何軒も回って、「机」や「椅子」をリサイクルしたり、もともと自宅で使っていた飾り棚をお店に並べたり。「食器」だって、レストランでは何度も使い回しています。だから中古品でも大丈夫。ただし、業務用オーブン等の厨房設備は中古品だと「すぐに壊れてしまった」という例も。慎重に選びましょう。

④**複数の「プロ業者」に見積もり依頼**　内外装工事を依頼するプロ業者3～4社から見積もりをもらいます。複数に頼むと、その詳細を見比べることができるからです。小さい店の場合、「自分が好きな雰囲気の店の経営者に直接、内装を担当した業者を聞いた」というケースも。また、「洋菓子店が得意」「カフェを多く手がけた」等、内外装業者にも得意分野があるものなので、その道に詳しい人に依頼するとスムーズでしょう。

⑤**周辺地域との「なじみ感」と「目立ち感」のマッチング**　外装は周辺の景観になじむでしょうか。店舗として目立たないといけませんが、住宅街の場合、「店頭ライト」や「看板」「テラス席」等が周囲と多少調和するほうが、近所からの苦情も少ないでしょう。

内装工事費のめやす

【お店、サロン（雑貨店、ネイルサロン等）】
内装費　5～50万円
・自宅の一室で、壁や床に手をかけずに、棚やテーブルだけ運び込む場合は「改装費ゼロ」もちらほら
・壁を自分で塗り替えるなら、5万円～
・外装（店構え）を大きく作りかえたり、高価な扉、凝った棚を取りつける場合、200～300万円

【飲食店（カフェ、蕎麦店、レストラン等）】
・内装費と家具で、60～300万円くらい（椅子10席くらい）
・厨房設備は、25～150万円くらい
・コーヒーと軽食のみなら、コーヒーマシン等5～40万円
・給排水、ガス、電気の設備工事は、例えば20～40万円

自宅兼店舗にすると 「住宅ローン」を借りられる

【店舗併用住宅】自宅を新築するなら

　本書をお読みの皆さまには、「自宅を新築して、店舗併用住宅にしたい」と思っている方も多いことでしょう。例えば、店舗物件を借りて保証金や毎月の家賃を払いながら、自宅の家賃まで両方払うのはどうかと悩む瞬間。それなら自宅を「店舗併用住宅」として新築したい、と思ってしまう。しかし悩ましいのは、建物を新築するために多額の資金が必要なこと。

　自宅兼店舗として「自宅の1階をお店にする」「自宅にサロンを併設する」と、資金借入れの手段として「住宅ローン」を活用することができます。

　借入れ手段としての「住宅ローン」には、以下のようなメリットがあるものの、住宅ローンを組むには条件もあります。

住宅ローンのメリット

資金調達の方法の1つになる
住宅ローンの利率は低い。返済期間も20〜35年と長い
税金の優遇措置「住宅ローン控除」がある

住宅ローンの融資条件

・「自宅兼店舗」総面積のうち、50％以上を住居スペースとする
・住宅ローンは、「住居スペース」だけに適用（店舗部分には、原則
　的に住宅ローンは使用できない。事業用として別資金が必要）
・他に住宅ローンを借りていないこと

【例】
3階建てで、1階部分を店舗、2～3階を住居スペースにする場合。
床の総面積のうち、住居スペースは50％以上となっています

・1階
店舗になる1階部分の建築費は、「事業用」の資金が必要
（日本政策金融公庫等からの事業融資。自己資金を充ててもよい）
・2～3階
住居になる2～3階部分の建築費には、「住宅ローン」が組める

※土地にはそれぞれ用途制限があります。店舗併用住宅を建てられ
　ない地域（土地）がありますので、事前に確認しましょう。

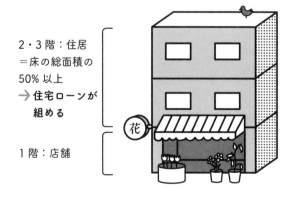

2・3階：住居
＝床の総面積の
50％以上
→ 住宅ローンが
　組める

1階：店舗

花

職業訓練校で学べる、伝統工芸もの作り

「手に職」をつけて、就職・修業した後に起業

　国や自治体の就業訓練機関である「職業訓練校」をご存じでしょうか。職業訓練校の学費は無料（または少額）、3ヶ月から3年間通い、「手に職」の技術や国家資格等を取得することができます（コースによって、年齢制限や求職活動中のみ等の応募条件があります）。特に、竹、木、革を材料とする日本の伝統工芸もの作り分野は、民間スクールに少ないのが現状。そこで職業訓練校で学び、その数年後に起業した方もいらっしゃいます。

起業までのルート

　職業訓練校で学んだ後に起業するまで、右のような道をたどる場合が多いようです。

職業訓練校で学べる日本伝統工芸

分野	作るもの	都道府県※	職業訓練校名
木工	木工家具	岐阜県	岐阜県立　木工芸術スクール
	木工家具、木彫り	長野県	上松技術専門学校
	木工家具、木彫り	富山県	富山県技術専門学院
竹工芸	竹製品	大分県	大分県竹工芸訓練センター
着物	着物の縫製、着付	東京都	都立中央・城北職業能力開発センター 高年齢者校
靴作り	革製の靴	東京都	都立城東職業能力開発センター 台東分校
陶芸	陶磁器	愛知県	愛知県立窯業高等技術専門校
	陶磁器	京都府	京都府立陶工高等技術専門校

1 職業訓練校で学ぶ

↓

2 就職。プロフェッショナル職人の下で
実務および修業
（例：見習い、アシスタントから、作品制作を任せて
もらい、一人前に）

↓

3 ひとりの職人として独立
（屋号を決めて活動、店を開く等）

どのような職種が学べる？

　職業訓練校ではさまざまな職種を学ぶことができますが、起業に
結びつきそうな伝統工芸分野を以下に列挙します（これ以外にも多
種多様なコースがあります）。

※居住する都道府県以外の職業訓練校への応募も可能

コース名	期間	住所
木工科　木工コース	1年	〒506-0057　高山市匠ヶ丘町1-123
木工科	1年	〒399-5607　木曽郡上松町大字小川3540
木材加工科	6ヶ月	〒930-0916　富山市向新庄町一丁目14-48
竹工芸科	2年	〒874-0836　別府市東荘園3丁目3組
和装技術科	1年	〒102-0072　千代田区飯田橋三丁目10-3　東京しごとセンター10〜12階
製くつ科	1年	〒111-0033　台東区花川戸1-14-16
陶磁器科製造コース	1年	〒489-0965　瀬戸市南山口町538
陶磁器科デザインコース	1年	
やきもの成形科　成形コース	1年	〒605-0924　京都市東山区今熊野阿弥陀ヶ峰町17番地の2
やきもの図案科		
やきもの成形科　総合コース	2年	

中古品を販売するなら 「古物商」の許可を取ろう

ヴィンテージの洋服や雑貨を
加工したらどうなる?

　新しい洋服、雑貨、時計等(新品)を仕入れて販売することに、特別な許可はいりません。しかし、中古品を仕入れて販売するには、警察署の「古物商許可」が必要です。

　許可を取得するまで、中古品販売の事業や仕入れを開始することはできませんので、早めに許可申請をしましょう。申請から取得までに40日くらいかかります。

中古品を販売する場合、警察署の「古物商許可」

　自宅で「中古品」を販売する場合(ネットショップ運営を含む)、事業を行なう場所(自宅)を所轄している警察署で「古物商」許可を取りましょう。窓口は、警察署の「生活安全課 防犯係」等です。

「古物商許可」にあたる商品の例

① **1回以上、使用されたもの**　一度使った時点で、その商品は「中古品」となります。

② **誰かが1回、購入したもの**　たとえパッケージを開けていなくても、一般消費者が購入したものは「中古品」扱いとなります。

③ **中古品を加工、修理したもの**(次を参照)

④ **中古品を仕入れて、レンタルする場合**　中古品を仕入れて貸し出すレンタル業には、古物商許可が必要です。しかし、新品を仕入れてレンタルする場合には、古物商許可は必要ありません。

⑤ **国内で仕入れた中古品を、海外に輸出する場合**

中古品の一部を加工した場合

　例えば以下のように、中古品の一部を加工して販売する場合には「古物商」の許可が必要です。

・ヴィンテージの洋服を仕入れ、袖の長さを変え、新しい襟をつけて、少し新しい洋服にして販売

・中古品の機械を買いつけ、使える部品だけ販売

古物商許可がなくても、販売できるもの

自分が使っていたもの　「自分が使ったもの」「自分が使う目的で購入した、未使用のもの」を販売する場合、古物商許可は必要ありません。

販売者自身が海外で買いつけた中古品　例えば、店主が海外に行って買いつけた雑貨や洋服を、自分の店で販売する場合。しかし業者が海外から輸入した中古品を日本国内で買い、店で販売する場合には、古物商許可が必要です。

警察署への提出書類の主なもの　個人事業の場合

・古物商許可申請書

・住民票

・身分証明書

・登記されていないことの証明書

・略歴書（最近 5 年間の略歴を記載。本人署名、記名押印）

・誓約書（警察署窓口または警察署 HP からダウンロード）等

・営業所の賃貸借契約書のコピー

・駐車場等保管場所の賃貸借契約書のコピー

・（URL を届け出る場合）プロバイダ等からの資料のコピー

・許可申請手数料（申請する自治体によって違うので、要問い合わせ。東京都の例：1 万 9,000 円）

21 食べ物の製造や販売には、保健所の営業許可が必要

「カフェ」「レストラン」「パン」「お菓子」「そうざい」
等の営業許可

　自宅でコーヒー・紅茶や「パン」「お菓子」等の食べ物を販売する仕事って、誰でも一度は憧れるものですね。実は、「保健所」の許可がないと、製造や販売はできないのです。

自宅のある場所を所轄する保健所

　自宅で「カフェ」や「パン店」を開く際、お店を開く場所（自宅）を所轄している保健所はどこにあるかを調べましょう。「○○都道府県　保健所」「○○区　保健所」とネット検索してみてください。

保健所の「営業許可」とは？　～食品衛生法の基準

　保健所が、食品を製造・販売する場所（「施設」という）が衛生的かどうか、製造施設としてふさわしいかどうかをチェック。食品衛生法の基準を満たしていれば、保健所が営業を許可してくれます。

　営業許可にはさまざまな種類があり、大まかに言うと、右のようなものがあります。

　コーヒーや紅茶、日本茶などの「飲み物」と「（すでに作られているものを）購入したお菓子」だけをふるまうカフェなら「喫茶店」営業許可でいいでしょう。しかし、厨房で何かしら調理した食事を出すなら、「飲食店」営業許可が必要です。パンやお菓子をメニューに加える場合は、注意が必要です。「（すでに作られているものを）購入したパンやお菓子」を切り分けて出すだけならいいのですが、厨房でパンやお菓子を作って提供する場合は、「菓子製造業」の許可も併せて必要になります。

「レストラン」 「定食店」「そば店」 等の営業	・保健所 **「飲食店営業」** の許可 ・自宅の台所とは別に、お店専用の「調理室(厨房)」 　や「客席」を設けること
「カフェ」の営業	・保健所 **「喫茶店」** または **「飲食店」** 営業の許可 ・自宅の台所とは別に、お店専用の「調理室(厨房)」 　や「客席」を設けること ●営業許可「喫茶店」と「飲食店」の違いとは? **「喫茶店」営業許可**:アルコール以外の飲み物、 菓子(作られたものを購入)を提供 **「飲食店」営業許可**:厨房で調理した料理、アルコー ルを含む飲み物を提供
「パン」「お菓子」「飴」 「せんべい」を 製造して販売	・保健所 **「菓子製造業」** の許可 ・自宅の台所とは別に、お店専用の「調理室(厨房)」 　を設けること
「お弁当」「そうざい」 を製造して販売	・保健所 **「飲食店営業」** の許可 ・自宅の台所とは別に、お店専用の「調理室(厨房)」 　や「販売場所」を設けること

保健所の営業許可がなくても、自宅で製造・販売できる食品

・**「漬物」**:営業許可は特に必要なし。ただし、漬物の製造・販売を仕
　事にする場合、保健所に「漬物製造業の届け出」をする必要がある
・**「魚の干物」「ジャム」「ドライフルーツ」**:営業許可は特に必要なし
　※自治体によるので、所轄の保健所に確認してください

保健所への提出書類の主なもの(個人事業の場合)

・営業許可申請書
・営業設備の大要(構造図面)2通
・「食品衛生責任者」資格を証明する書類
・許可申請手数料(申請する自治体によって違うので、要問い合わせ。
　千葉県の例:「飲食店」1万6,000円、「喫茶店」9,600円、「菓子
　製造業」1万4,000円等)

PART
1

自宅でひとり起業の基礎知識

【図解】保健所の営業 許可を得られる厨房とは?

飲食店営業（レストラン、定食、そば、カフェ、居酒屋、バー、お弁当、そうざい）の店内・厨房レイアウト例

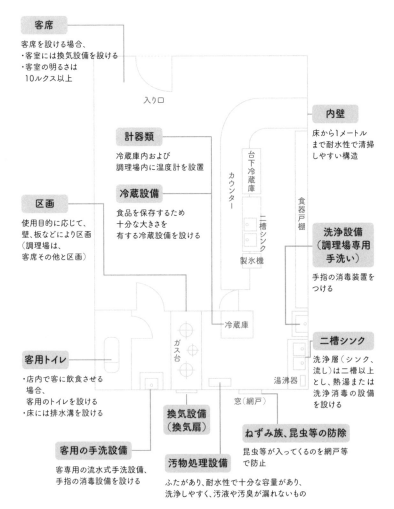

客席

客席を設ける場合、
・客室には換気設備を設ける
・客室の明るさは
　10ルクス以上

入り口

内壁

床から1メートル
まで耐水性で清掃
しやすい構造

計器類

冷蔵庫内および
調理場内に温度計を設置

冷蔵設備

食品を保存するため
十分な大きさを
有する冷蔵設備を設ける

区画

使用目的に応じて、
壁、板などにより区画
（調理場は、
客席その他と区画）

台下冷蔵庫

カウンター

食器戸棚

二槽シンク

製氷機

**洗浄設備
（調理場専用
手洗い）**

手指の消毒装置を
つける

客用トイレ

・店内で客に飲食させる
　場合、
　客用のトイレを設ける
・床には排水溝を設ける

ガス台

冷蔵庫

湯沸器

窓（網戸）

二槽シンク

洗浄層（シンク、
流し）は二槽以上
とし、熱湯または
洗浄消毒の設備
を設ける

**換気設備
（換気扇）**

汚物処理設備

ふたがあり、耐水性で十分な容量があり、
洗浄しやすく、汚液や汚臭が漏れないもの

客用の手洗設備

客専用の流水式手洗設備、
手指の消毒設備を設ける

ねずみ族、昆虫等の防除

昆虫等が入ってくるのを網戸等
で防止

福岡県「営業許可申請の手引き」を参考に作成

※各業種により必要な設備が定められていますので、事前に保健所に相談しましょう

菓子製造業（パン、お菓子、飴、せんべい）の店内・厨房レイアウト例

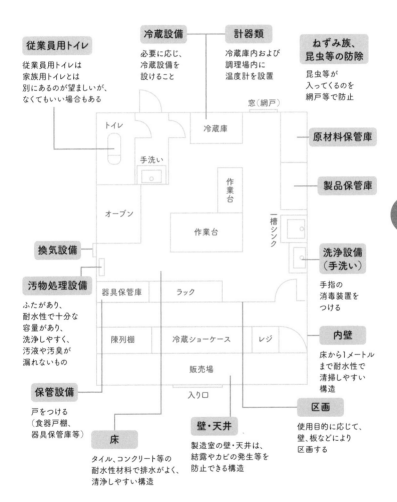

従業員用トイレ

従業員用トイレは家族用トイレとは別にあるのが望ましいが、なくてもいい場合もある

冷蔵設備

必要に応じ、冷蔵設備を設けること

計器類

冷蔵庫内および調理場内に温度計を設置

ねずみ族、昆虫等の防除

昆虫等が入ってくるのを網戸等で防止

原材料保管庫

製品保管庫

洗浄設備（手洗い）

手指の消毒装置をつける

内壁

床から1メートルまで耐水性で清掃しやすい構造

区画

使用目的に応じて、壁、板などにより区画する

換気設備

汚物処理設備

ふたがあり、耐水性で十分な容量があり、洗浄しやすく、汚液や汚臭が漏れないもの

保管設備

戸をつける（食器戸棚、器具保管庫等）

床

タイル、コンクリート等の耐水性材料で排水がよく、清浄しやすい構造

壁・天井

製造室の壁・天井は、結露やカビの発生等を防止できる構造

トイレ／手洗い／オーブン／冷蔵庫／作業台／作業台／一槽シンク／窓（網戸）／器具保管庫／ラック／陳列棚／冷蔵ショーケース／レジ／販売場／入り口

福岡県「営業許可申請の手引き」を参考に作成

PART 1
自宅でひとり起業の基礎知識

本書は主に「ひとりで運営する小さなお店・事業」を対象としています。規模が大きくなると、別途必要な資格・許認可もあるので、詳しくは管轄の保健所等にご相談ください。

オーブン等の厨房設備がある場合、消防署への届け出が必要となる場合があります。詳しくは所轄の消防署・施工業者に相談してください。

At Home
Entrepreneurship

PART
2

もの作り
の
仕事

ビーズ、布から金属まで

アクセサリー作家

作家の好きなもの、人柄、ライフスタイルがおのずと反映

【仕事の概要】

さまざまな素材で「ネックレス」「指輪」「ピアス」「ブレスレット」等のアクセサリーを制作。イベント直接販売からネット通販まで。

【どうやったら、その職種で開業できるか?】

・資格は必要なし。独学や、専門スクールで制作技術を習得
・手先が器用で、もの作りが好きなこと。センスのよさ

【長所・短所】

👍 長所：作品作りで人を喜ばせることができる。長年、趣味で習ってきたことが収入につながる

👎 短所：制作に時間がかかる。イベント出店では出会いがあって嬉しいが、その間は作品制作ができない

【収入＆初期費用の例】

初期費用：専用機械、道具代。材料の仕入れ費。HP 制作、ブログ（無料ブログも可）。袋やリボン等の梱包材、イベントへの交通費等

収入：アクセサリーの価格は、300 円から数十万円まで（材料、石の種類による）。ピアス 1,000 円〜 25 万円。ネックレス 1,000 円〜 40 万円等

【ここがポイント】

作家が作る「世界観」に対して、固定ファンが多くつくかどうか。「世界観」なので、1 つの分野だけでなく、連鎖する分野へもそのテイストを拡大させていく（例：ピアスだけでなく、ネックレスやバッグまで）。商品作りだけでなく、「世の中の空気（流行や季節）の変化」に合わせた販売タイミングを見極める力が重要。

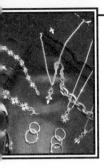

シルバージュエリーと革小物工房「Dearly Joker」
岡崎幸二さん

アクセサリー作家

実家の店を改装し、
シルバージュエリーと革小物の店舗兼工房に。
「生まれ育った地域にも貢献していきたい」

　シルバージュエリーや革製品（レザークラフト）を制作している
岡崎幸二さんの工房兼店舗は、北海道恵庭市の自宅1階にあります。
2013年元日からはじめたブランド「Dearly Joker」は、岡崎さ
んが制作するハードでロックなシルバージュエリーから、レザーク
ラフトの小物まで。ペアリングのオーダーやジュエリー小物のカ
スタムメイドも行なっています。札幌ドームで開催される「サッポ
ロモノヴィレッジ」等のイベントに定期的に出店するだけでなく、
毎年10月開催の音楽とハンドメイドのイベント「恵庭ものづくり
フェス」の実行委員にもなっています。「地域に貢献したいという
気持ちがあります」。

　1976年に北海道で生まれた岡崎さん
は、ビジュアル系バンドに憧れて、高
校時代はロックバンドを組んでギター
を担当。それは、シルバージュエリー
の魅力に気づいた頃です。音楽ステー
ジの裏方（設営や機材搬送）のアルバ
イトをした後、販売業を経験。そして
会社員を続けながら、彫金教室に通う
ようになります。「好きなデザインを探
していたのと、シルバーアクセサリー

店内の様子

の価格が高いので『自分で作れないかな』と思ったのがきっかけです」。また、革工房で働くようになり、レザークラフトの技術を習得しました。「それまで趣味で革小物を作っていたので自信満々だったのですが、間違いだらけでした（笑）。現場で働いている先輩方に、細かな技術をちゃんと教えてもらいました」。

30代後半になり、「自分のブランドを作ってみよう」と、2013年元日に「Dearly Joker」というブランドを始動。ブランド名には、「心から誰かを楽しませる人」という意味を込めています。同時に、もともと呉服店を営んでいた

イベントでレザークラフトの講座を行なう岡崎さん

実家の店舗兼事務所の一角で、彫金とレザークラフトの教室（入会金5,000円、4回分チケット8,000円〈税込〉）をはじめました。

「お客様から見える工房」を併設した店舗

店舗は2015年6月にオープン。呉服店だった全30畳の半分は倉庫にして彫金の機材と材料を置き、残り半分を店舗兼工房にしました（店舗と工房の面積は半々）。改装時には、手伝いに来てくれた友人と一緒に、漆喰で壁を塗り、床板を貼りました。また、レジカウンターは知人から譲り受けて、ペンキで塗装。

柵で仕切られた工房は店舗からよく見えるので、もの作りに関心のあるお客様から「工房を覗いてもいいですか」と言われます。彫金やレザークラフトの道具を見て「どのように使うのですか」という質問から、教室受講につながることもあるそうです。そんな風に、岡崎さんの憧れだったシルバージュエリーとレザークラフトは、趣味から仕事に発展しました。「作ることは楽しいけれど、大変です。

定休日の前夜は遅くまで作業できるので、長い時は11時の開店から翌朝5時半まで制作していたこともあります」。

「結婚指輪やペアリングのオーダーメイドは、思い出に残るものを作らせていただく機会なので、すごくありがたいです。また、ロックミュージシャンがステージでつけるアクセサリーをオーダーしてくれることもあります。その方々の力になれることが嬉しいです」。そんな岡崎さんには、「もの作りとロックを融合させた音楽フェスのようなイベントを開きたい」という夢があるそうです。

開業時の集客ツール　費用

パソコン	自宅パソコン（もともと持っていたもの）を使用
HP制作費	なし。ブログとFacebookのみ
仕入れ費	原材料10万円弱（それ以外に、教室開講時から少しずつ制作した商品を店に並べた）

実店舗の設置時　費用

外装費	（外窓に貼る）ステッカーの材料費　3,000円
内装費	64万円（床材25万円、塗装剤1缶1万円強等を含む）
その他	彫金用の機材10万円（総額30万円は、開業後に少しずつ購入。すべて中古品を購入）

営業

店舗面積	店舗兼工房は15畳くらい（店舗：工房＝1：1）
客層	20代後半～30代（男性：女性＝1：1）
客単価	1万円くらい
スタッフ	オーナーひとり

Dearly Joker

〒061-1353 北海道恵庭市島松本町1-8-8
（JR千歳線　島松駅から徒歩5分）
TEL・FAX：0123-25-5292
E-Mail：dearlyjoker@yahoo.co.jp
営業時間：11:00～19:00　定休日：水・木曜日
HP（Facebook）
https://www.facebook.com/DearlyJoker.since2013
ブログ　https://ameblo.jp/dearlyjoker/

写真提供：Dearly Joker

「便箋」や「ポストカード」「シール」など

ペーパーアイテム
（文房具）作家

まずは自前のプリンターで印刷、
透明フィルムで包むと商品のでき上がり

【仕事の概要】
「便箋」「ポストカード」「イベントの招待状」等、文房具店にあるペーパーアイテムを作って、ネット通販やイベント企画展で販売。

【どうやったら、その職種で開業できるか？】
・ペーパーアイテムを制作、販売することに資格は必要なし
・絵を描くのは自分、またはイラストレーターに外注してもよい

【長所・短所】

👍 **長所**：紙製品なので、小規模であれば広いスペースを必要としない。印刷業者へネットで発注も可

👎 **短所**：単価が低い。画家自身の人気が販売量に大きく影響。梱包に繊細さ、時間がかかる

【収入＆初期費用の例】
初期費用：イラスト画（または写真）と紙面デザイン。HP。印刷代（印刷会社で少量発注2〜3,000円〜。自宅プリンターで印刷する人も）
収入：（例）ノート500円、便箋セット400円、シールセット500円、ポストカード300円、メモ帳300円、カレンダー1,000円等

【ここがポイント】
イラストレーター職と兼務して、オリジナル商品を販売する人も。市場にない新しいデザインを生み出し続ける努力が実る。「クリスマス」「年賀状」用葉書等の大量受注等、印刷効率化の仕組み作り。販路は、ハンドメイドサイト「minne」「Creema」等への出店、手作りイベントへの参加等。写真を撮るとSNSとも相性がよい。

子どもに世界の楽しさ、無限のファンタジーを届ける

絵本作家

30～40代でアートの世界に飛び込み、
絵本を描きはじめた人も

【仕事の概要】
楽しいファンタジーの世界をイラストと文章で表現。身近なことから、生体観察、夢の世界、ギャグまで幅広いジャンル。

【どうやったら、その職種で開業できるか？】
絵を描くことが好きなら、特に資格は必要なし（とはいえ、美術学校で学んだ、イラストレーター等、絵を専門とする人が多い）。

【長所・短所】
👍 **長所**：お話から絵まで、自分が思い描く世界を表現できる。「絵本の読み聞かせ会」等の事業に発展性あり

👎 **短所**：題材やページの形に「決まり」はない（そういう面白い分野）。ストーリーを考えるのに時間がかかる

【収入＆初期費用の例】
初期費用：手書きの場合、手持ちの絵画道具（＋α）。パソコンで制作する場合も。図鑑等の資料代
収入：原稿料 3,000 ～数万円。絵本の印税は出版部数による

【ここがポイント】
絵本作家になるきっかけは、絵本スクールで絵本の構成やストーリー作りを学んだ後、作品の出版社への持込み、コンクールでの受賞等。他の職業と兼業している人が多い。一般企業勤務で副業、またはデザイナー、イラストレーター職、クリエイターとして絵の個展を開催、作品制作（例えば「毛糸で作った人形」）と並行等。

農業

2〜3品種からはじめて、都市型農園、
安心な野菜を届けるネット通販も

【仕事の概要】

顔が見える人、農薬の少ない野菜への需要は高い。「2〜3品種から」
「多くの品種の詰め合わせセットをネット通販」「レストランへ卸売
り」「農業体験」をサービス化して収入源にする等で事業化。

【どうやったら、その職種で開業できるか?】

・農業をはじめること、作った野菜を売ることに、資格は必要なし
・体験は、農業インターンシップ、農業研修（相談は都道府県にあ
　る「新規就農相談センター」https://www.nca.or.jp/Be-farmer/）
・「道府県農業大学校」等で、農業の技術、ノウハウを学ぶこと
・「農地」を探し、「農地」を手に入れること（購入または賃貸）

【長所・短所】

👍 長所

・自給自足の生活を目指せる
・単価の高い野菜や花を作ることがで
　きれば、売上が伸びる
・「ネット通販」で直販するパターン
　も増え、昔ながらの農業でなく、ネッ
　ト戦略を考慮した野菜の品揃えを計
　画することができる
・収穫物で「ピクルス」「ジャム」を
　作る等、利益率の高い事業も（保健
　所営業許可 64 ページ）

👎 短所

・農業は、想像以上に大変な仕事だ。
　作ることに加え、販売していく力が
　必要。技術とノウハウを習得するま
　でに時間がかかる
・無農薬野菜は、非常に手間がかかる
・「農地」を確保するため、その土地
　に移住する等の必要性。農地のある
　地域に溶け込んでいく、道具を借り
　る等、地域になじむコミュニケー
　ション力が必要

【収入＆初期費用】

初期費用

「農地」を借りる費用。軽トラック、草刈り機等「機器」の購入またはレンタル代（地元の人に借りて、費用を抑える人も）。肥料、種苗、燃料等。収穫まで収入がないので、就農1年目の生活資金。

収入

野菜の袋詰 数百円、ネット通販「野菜の詰合せ」4,000〜5,000円、「○○（果物）狩り」1人3,000円、農業体験1回4,000円。

【ここがポイント】

・独立就農時の年齢が45歳未満の認定新規就農者なら、農林水産省「農業次世代人材投資資金」（最長5年、1人あたり年間最大150万円）の給付金制度がある（2018年2月時点）

・先を見据えた経営戦略と地域選び。収入を確保するために、「販売先を見つけてから、作物を作る」ということも必要

・「ひとりでできる範囲」には体力面や有効に使える農地の有無等、個人差があるだろう。「自分ならでは」の作物選びや「こんな風に収益化しよう」という見通しを立てた分野選びが必要

・作物を育てている様子や野菜作りの考え方等をHPやブログ、SNSで発信して、顧客獲得につなげてネット通販する事例が増加

土、木、花。一鉢に思いを込めて

盆栽作家

庭や部屋の一角に作品を並べて、「ミニ盆栽」はネット通販

【仕事の概要】
世界共通「BONSAI」を今風にアレンジした、インテリアとしての「盆栽」をネットや個展で販売。手作りワークショップも人気。

【どうやったら、その職種で開業できるか?】
・資格は必要なし
・盆栽園芸農家や盆栽作家への弟子入り。盆栽作りの技術

【長所・短所】
👍 長所：植物と土いじりが好きな人に向く。ミニ盆栽はネット通販に向くサイズ。盆栽は植物の中でも長持ち

👎 短所：盆栽愛好家は欧州で増えているが、国内ではじわりじわり。作品数に比例した広いスペースが必要

【収入＆初期費用の例】
初期費用：植物、器、土の仕入れ費。盆栽道具。作品を商品として認知させるHP制作、ブログ（無料ブログも可）
収入：ミニ盆栽1,000～8,000円。ワークショップ1人3,000～1万円（材料費込）等。大型作品には高価な値がつく

【ここがポイント】
木や花でありながら、生花店の域を超えて「雑貨」や絵画と同じ「アート」の領域。昔ながらの大型作品だけでなく、「ミニ盆栽」は新たな領域で、商品や作家自身の売り方は未知数。アトリエ工房（兼店舗）の開設、イベント催事出店や「盆栽や苔玉を作るワークショップ」の開催、移動販売等、活動の幅を広げることができる。

土と向き合い、「器」を創作して売る

陶芸家

伝統産業を自分なりのやり方で継承する役目を担う人

【仕事の概要】
土を練って焼成する「この世に一点しかないもの」「量産品では、見かけないデザインや技法」。こだわりとアートを器にして売る。

【どうやったら、その職種で開業できるか?】
・職業訓練校（愛知県、京都府等）で陶芸を学ぶ（60ページ）
・陶磁器メーカーや窯元で修業した後に独立

【長所・短所】
👍 **長所**：作品制作に没頭する時間。販路は、雑貨店、ネット販売、個展開催、カフェ用の器等さまざま

👎 **短所**：実は、力仕事。商品が壊れやすい。高額な器への需要減。産地への移住や広い敷地への引越

【収入＆初期費用の例】
初期費用：工房作りの費用、作業台、ろくろ、焼成棚、電気釜、在庫棚の購入費、土や釉薬等の材料費
収入：豆皿1,000～3,000円、皿3,000～1万円、湯呑マグカップ3,000～2万円等。他にない素材感のアート作品を展示販売する場合は、2～35万円等

【ここがポイント】
セレクトショップに置いてもらい販売、個展の開催など、作品を見せて直接販売。また、「陶芸教室」の開講等、陶芸を教える仕事を並行する人も多い。作品を「売れる商品」にするため、芸術家さえも自社PRを必要とする時代。作家自身のHPに写真をアップ、自ら営業をかける等、作家と営業担当（PR業）との両立。

身につけたプロの技術をひとりで商品化

洋服作家

「パタンナー」「テキスタイル」「デザイン」「縫製」の技術を

【仕事の概要】
「ワンピース」「コート」等、他にない個性を求めてお客様が訪れる。「誰が作ったのか」作家への共感や憧れも含めて購入される。

【どうやったら、その職種で開業できるか?】
・資格は必要なし。専門スクールで縫製やデザインを習得
・アパレルメーカー出身者やファッションセンスのよさ

【長所・短所】

👍 **長所**：洋服は、単価が高い（数万円）。制作過程をレポートする等、既製服との差別化がしやすい

👎 **短所**：洋服をまとう自分自身が広告塔なので気が抜けない。制作に時間がかかる。試着の要望がある

【収入＆初期費用の例】
初期費用：材料の仕入れ費。ミシン購入費。HP 制作、ブログ（無料ブログも可）。袋や段ボール等の梱包材、イベントへの交通費等
収入：ワンピース 6,000 円〜 8 万円、スカート 5,000 円〜 4 万円、コート 1 〜 10 万円、Tシャツ 3,000 〜 7,000 円等

【ここがポイント】
売れている作家のタイプは 2 種類で、「素材や作風が『こんなデザインが欲しかった！』という商品を有名メーカーより少し安く」と「作家自身やライフスタイルをブランディングしてファンを増やす」タイプの方。高い技術を持っているのなら、それに合わせた価格のものを自信を持って制作したい。売り場所はある。

バッグ作家

「ハンドバッグ」から「財布」まで、単価の高いデザイン製品

【仕事の概要】

こだわりを持つ人が多い「バッグ」と「財布」。「他にないデザイン、色」「使いやすさ」「作り手への共感」に高価格がつきやすい。

【どうやったら、その職種で開業できるか?】

・生産と販売に、必要な資格はなし。デザインセンスが必須
・「革」「布」等を扱う専門的な技術を専門学校や企業勤務時に習得

【長所・短所】

👍 長所：「バッグ」や「財布」は、面白いもの・珍しい・質のよい製品なら高価格で売れる

👎 短所：数万円の高価格品は、大量には売れない。定期的に売れる商品分野を探し当てるまでに時間がかかる

【収入&初期費用の例】

初期費用：布、革などの原材料。ミシン等の機械。最初の1作品を制作する際、布を買い、手持ちのミシンで刺繍糸のみという人も
収入：1点3,000円～4万円と幅広い。一点ものを3万円、同じデザインを1点3,000円で10個販売、どちらも同じ売上である

【ここがポイント】

顧客の目に触れる機会を増やすことが大切なので、「個展」「ギフトショー」やハンドメイドサイトへ出店。ブランディングや「仕事用もオシャレに」「他にない形」といったコンセプトに共感が生まれて価格に反映。売上を上げるなら、量産品作り。世の中のニーズをリサーチし、生産は工場に任せて、デザイナーに撤する場合も。

木工職人になって、ひとりで

家具職人

家具を制作する工房をもち、その場で販売。ネット通販も

【仕事の概要】
木工職人になって、「家具」や「木の雑貨」を作る 20 〜 30 代も
増えた。ネット直販もできる時代、ひとりで広い工房を構える。

【どうやったら、その職種で開業できるか?】
職業訓練校「木工科」「木工技術科」で技術を学ぶ(長野、岐阜等、
60 ページ)。家具会社で経験を積み独立するパターンが多い。

【長所・短所】

👍 **長所**:家具の販売価格は高くなる
(数万〜数十万円)。手に職で、美し
い家具を作って喜んでもらえる

👎 **短所**:ニーズをつかむ営業力が必
要。広い制作スペースが必要なので、
土地を求めて移住する場合も

【収入&初期費用の例】
初期費用:木材の購入費。道具代。パソコン購入費。HP 制作費(ネッ
ト通販は、ハンドメイドサイト minne や Creema も)
収入:ダイニングテーブル 30 〜 50 万円。小テーブル 1 万円〜、
椅子 8,000 円〜 15 万円、小型の棚 5,000 円〜、タンス 50 〜 70
万円等

【ここがポイント】
当たり前だが、家具(テーブルや椅子、棚)を置ける広い工房があ
るといい。自宅スペースに家具を並べて展示販売する人も。大量生
産にはできない、きめ細やかなデザイン力と、「一点もの」の価値を。
ネット用の写真はライフスタイル誌さながらのオシャレさが高価格
の鍵。SNS では、作家自身の趣味嗜好を存分に押し出して。

オーダーメイドの革靴を作る工房

靴職人

工房で制作・販売する職人。
ネット通販とイベント販売に特化する職人さんも

【仕事の概要】
革製の「靴」を作る職人は、工房で毎日コツコツと制作。工房と両立して自社サイトやハンドメイドサイト minne 等でも販売。

【どうやったら、その職種で開業できるか?】
職業訓練校「製くつ科」(60ページ)や専門学校で技術を学ぶ。靴メーカー勤務や欧州の職人の元で経験を積み、独立。

【長所・短所】

👍 長所:手作り靴の「形」や「履き心地」にマニアは意外と多い。職人の「こだわり」と「好き」を実現できる

👎 短所:高価な工業用ミシンが必要。一足の制作に時間がかかる。オーダーメイド靴のよさを伝えにくい

【収入&初期費用の例】
初期費用:靴縫・工業用ミシン、研磨用機械、作業机。革等の材料費。道具代。パソコン購入費。ネットショップ制作費
収入:展示販売の革靴2~7万円。木型から作るオーダーメイド(ビスポーク)靴10~40万円。ゴルフ靴(オーダー)20万円~

【ここがポイント】
固定ファンとの長いつき合い。靴職人も、ファッションデザイナーと同じようなブランド構築の時代に。「靴作りの過程」「商品一足だけを写したベストショット」や靴を履いたライフスタイルの写真をSNSにアップする等、ネットを使ったブランディング。趣味で通う生徒用の「サンダルや靴を作るワークショップ」等も開催。

ネット通販
の
仕事

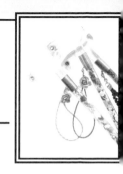

ステッキ専門店「素敵屋Alook」

小倉恵美子さん

ステッキ販売

母のために作った「お出かけを楽しく、
行動範囲を広げる、オシャレな杖(ステッキ)」の
ネット通販専門店

　千葉県船橋市の住宅街にある一軒家のガレージ。車を止めると、すぐ横にガラスに囲まれたかわいらしい木製のお店がありました。オシャレなステッキのネット通販「素敵屋Alook(ステッキ屋あるく)」のショールームです。オリジナル商品の「Glass Rose®」(グラスローズ)に加え、英国、米国、台湾等5ブランドの杖(ステッキ)を取り揃えています。「ステッキは介護福祉用具でなく、メガネのようなファッションの一部だと思っています」。オシャレなステッキは、高校生から80代まで幅広い年齢層の女性が愛用しています。

　杖を使う生活になったら、毎日オシャレなものを持って歩きたい。そんな思いに寄り添い、小倉恵美子さんが制作する色とりどりのオシャレなステッキ「グラスローズ®」。透明なパイプの中に入れられるカラフルな花やパール、つまみ細工等のアクセサリーは20種類、気分や行事によって自由に装飾を変えることができます。「こんな商品を探していた!」と他県からタクシーをチャーターして来店した70〜80代の女性もいて、全国各地のお客様からお礼の手紙やメールが毎月届くそうです。「好きなことをして、お礼を言われる仕事。こんなにいい仕事はないと

オリジナル商品で日本初のスケルトンステッキ
「Glass Rose®」(グラスローズ)2万〜2万
2,000円(税別、送料込)。ハンドル部分には
スワロフスキーが埋め込まれている。花飾りの
ついたストラップは数種類から選べる

思います」

3ヶ月働いては、海外を旅する。そんな20代の頃

　子どもの頃から“おてんば”で男の子の友達が
多かった小倉さん。お父さんは鍛冶を得意とする
職人で、その工具を子どもの頃からいじり、手先
が器用に。もの作りが好きで、デザイン学校でテ
キスタイルを学んだ後、着物の染色をする仕事に
就きました。3ヶ月働いてお金を貯めて海外にひ
とり旅に出かける、という今の若者が憧れる生活
でした。「私は私、人と同じなのは嫌だという思
いがあります」。

折り畳みステッキと
小倉さんがオリジナ
ルで制作したポーチ

貿易会社で「輸入」の実務を覚えた。やがて創業塾に通う

　30代で貿易会社の事務職に就いた時、輸出入業の実務を学びま
す。「それまで事務経験がなかったので、ワープロから勉強しました。
習得する必要があった日常英語は、海外旅行で実践。『わからない
ことは、何でも自分で勉強する』とその都度、各種セミナーに積極
的に参加したり、知人に尋ねながら独学する姿勢は父親譲り。その
時は、それらの知識が海外からステッキを輸入する際に役立つこと
になるとは思ってもみませんでした」。

　40歳を目前に、「もう就職ではなく、将来、10歳離れた姉と一
緒にできる仕事をはじめよう」と人生設計して、創業塾に通った小
倉さん。創業塾に通っている最中は「やりたいこと」が見つからな
いまま時が過ぎたと言います。しかし、創業塾で知り合った仲間と
定期的にお茶をして「人と同じことをやったら商売にならない。ニッ
チな世界でやっていこう」とだけ心に誓っていました。

「お母さんのお出かけが楽しくなる杖」を探した

　そんな時、母親が人工関節になり、杖を使う必要性が出てきました。小倉さんが杖を買ってきても、母親は「これは嫌だ」と言って見向きもしない。でも、探しても欲しいものは見つからない。まだインターネットはダイヤルアップの時代で、ネットサーフィンもサクサクいかない。そんな中、やっと見つけたアメリカ製のキャンディスティックのようなカラフルな杖。花を入れた透明スティックを見つけ、「これだ！」と１本輸入しました。それを手にしたお母さんは嬉しそう。出かけるたびに、「あら素敵ね。どこで買ったの？」と尋ねられたそうです。

オリジナル商品「グラスローズ®」を開発

　もう一本仕入れようとしたところ、アメリカの会社で生産が終わり、仕入れられない事態に。そこからが小倉さんのすごいところ。「自

分で作っちゃえ！」と試行錯誤をはじめます。昔から手先が器用だったので、開発への心理的なハードルは高くなかったそう。そして、太くて頑丈な杖先と衝撃に強い透明パイプの「グラスローズ®」を独自に開発。握るハンドル部分は独自の金型を作り、プラスチック会社にかけ合って透明スティックを生産（プラスチック会社を探す際は、友人からの紹介で、小ロット生産を請け負ってくれる会社を見つけた）します。パイプに花やリボン、つまみ細工等のアクセサ

壁一面にカラフルな杖がズラリと並ぶ

リーパーツを詰める作業は手作業。加工の仕方にも知恵を絞りました。

最初の6年間はネットショップだけで運営

　そして、オシャレな杖の通販ネットショップ「素敵屋 Alook」をオープンしたのは 2005 年 2 月、小倉さんが 42 歳の時。オリジナル商品「グラスローズ®」だけでなく、英国や米国のブランド製品も輸入してラインナップ。「小口輸入については、JETRO（ジェトロ、独立行政法人日本貿易振興機構）のセミナーを受講して学びました」。そして、お散歩がより楽しくなる小物も制作。既製品の折り畳み杖専用のポーチや手芸の装飾を施したステッキクリップ等、オシャレで楽しくなる工夫は小倉さんの「毎日を少しだけ幸せにしたい」という思い入れそのもの。

「素敵屋 Alook」店主
小倉恵美子さん

　そんな商品を「直接見たい」という要望に対して、お客様を自宅リビングへお通しすることが度重なり、実店舗を持つ必要性を感じました。「物件を借りると固定費もかかるし、自分も縛られてしまう。車庫の一角にお店を作ろうかと思いましたが、すごくお金もかかる」と思っていた矢先、オシャレなログハウスを置いている店を目にして、「これなら、できそうだ！」

自宅ガレージにガーデンハウスを組み立て、実店舗に

　そしてネットショップ開設から 7 年後の 2012 年 8 月、自宅車庫の一角（1.5 坪）に実店舗をオープン。ガーデンハウス用の木材を買ってきて知人に組み立ててもらい、むき出しだった天井に布地を縫って貼りつけて店舗が完成します。ステッキを立てかける棚は台湾の業者に発注、ステッキ台等の什器は英国や台湾から輸入。2 名が腰掛けられる椅子は中古用品店で購入。「起業当初は『杖なんて、

売れないよ』と言われましたが、今では百貨店との取引等も増えています」。

　ネットショップ開始から13年が経過。「自分のできる範囲からはじめてダメだったら止めよう、と身の丈ではじめたので続けてこられたのだと思います」。今後は「透明な杖の折り畳み式」を開発したいそう。また、両手に杖を持って散歩する「ポールウォーキング」の資格を取得して勉強中。両手に杖を持てば、誰でも背筋も伸びて歩きやすい。「ポールウォーキング」用の細くてカッコいいステッキも制作、絶賛販売中です。

杖を使う人への「思い入れ」が商品を生み、クチコミで広がる

どこか温かみのあるガーデンハウスによる店舗の中には、ゆっくりくつろげる椅子がある

　「自分の母親を喜ばせたい、ということからはじまった事業です。杖を持つことって、年を重ねてもハードルが高いことなんですよ。お客様からも『母親のために買ったら、すごく喜んで、外出するようになりました』という声をいただきます。杖を卸売りする際、介護売場に置かないでくださいとお願いしています。

　うちは特に宣伝はしていません、クチコミです。電車の中やラーメン屋さんで、お客様の杖を見かけて『どこで買ったの？』と。そしてお客様が紹介してくださるのです。それで全国に少しずつ広がっています」

「ひとりではできない。人の助けだけで、ここまで来ました」

　「人に助けられて、ここまで来ました。自分ひとりではできなかった。困った時には、絶対、どこかで救われるところがあります。グ

ラスローズに入れるつまみ細工も、知り合いの女性達が作ってくれています。両親に『お世話になったら、自分がしてもらった以上に返すように』と教えられたことを思い出します」

〈こぼれ話〉

　取材の日は雨が降っていました。早々に小倉さんからメールが入っていて、「東船橋駅まで、車で迎えに行きます」。駅から徒歩6分だけれど、小倉さんが日頃どのような気持ちでお客様に接しているのか、垣間見た気がしました。

ネットショップ開設時　費用

デスクトップ・パソコン	自宅パソコンを使用
HP制作費	30万円
仕入れ費	約30万円（輸入）

実店舗の設置時　費用

外装	60万円（ガーデンハウス木材）
内装工事費、備品	敷物、天井数万円、什器約10万円、椅子数千円

営業

店舗面積	約1.5坪（ガレージ）
客層	高校生〜80代くらい（女性が9割）
客単価	1〜2万円
スタッフ	姉と2人（起業時は小倉さんひとり）、内職専任が数名

素敵屋 Alook

〒273-0001　千葉県船橋市市場4-3-2
（JR 総武線 東船橋駅から徒歩6分）
TEL・FAX：047-423-6605
E-Mail：toiawase@stick-alook.jp
営業時間：10:00 〜 17:00（不定休）
自社 HP・Web ショップ：
http://www.stick-alook.jp/

パンのネットショップ

2,000円以上のセットを宅配便で。パンはリッチな嗜好品

【仕事の概要】

「食パン」等の日常食、「カンパーニュ」「バゲット」等のハード系パン、「お勧めパンの詰合せセット」をネット通販。

【どうやったら、その職種で開業できるか?】

ネットショップでも実店舗と同じように、保健所の「菓子製造業」営業許可、「食品衛生責任者」資格が必要（64ページ）。

【長所・短所】

👍 長所：日持ち（数日間）するパンを販売可。菓子と違って日常食なので、お客様が定期的に購入してくれることも

👎 短所：商品の外観は似ているので、他店舗との差別化には工夫が必要。作業効率化には、品数を絞る必要も

【収入＆初期費用の例】

初期費用：ネットショップHP、厨房設備の改装費、オーブン、ミキサー、作業台、冷蔵庫、道具等。材料の仕入れ費、梱包袋

収入：食パン 300〜3,000円、カンパーニュ 300〜2,000円、フランスパンバゲット 600〜1,000円。冷凍食品も人気で、ロールパン5個 400〜600円。詰合せ 2,000〜6,000円

【ここがポイント】

「材料（小麦粉不使用、野菜入り）」を前面に打ち出す。「米粉100％」「おからの〇〇パン」「九州産ほうれん草のパン」等。または「スイーツのようなパン」「苺好きのためのパン」といった特徴を伝える。集客は、「おしゃれな食卓に並ぶパン」の写真、パンへのこだわりを書いたブログ、Twitter、FB等で共感を集めたい。

焼き菓子専門店

山や花木に囲まれた町から、カワイイとおいしい！
を宅配便でお届け

【仕事の概要】

「クッキー」「タルト」「マフィン」「ワッフル」等の焼き菓子を、まるで雑貨店のように味のある、かわいいネットショップで販売。

【どうやったら、その職種で開業できるか？】

ネットショップでも実店舗と同じように、保健所の「菓子製造業」営業許可、「食品衛生責任者」資格が必要（64ページ）。

【長所・短所】

👍 長所：ケーキの実店舗に比べ、少資金で開業可。雑貨を求めるような感覚で常連ファンが長く買ってくれる

👎 短所：ひとりで「作る」「包む」「HP更新」をするので、繁盛すると休む暇なし。店を知ってもらう苦労

【収入＆初期費用の例】

初期費用：厨房設備を作る改装費、オーブン、作業台、冷蔵庫、道具等。材料の仕入れ費、梱包する箱、袋、ペーパー材等

収入：クッキー詰合せ300〜800円、マフィン400〜500円、タルト2,000〜5,000円、お祝い・季節の詰合せギフト1,500〜6,000円

【ここがポイント】

食べ物をネットで買う理由は「雑貨のようなかわいさ、オシャレ感」に加え、「安全な材料」。自然に囲まれた地域で採れる野菜や果物はそのまま活かせる。ネットで伝えられる情報量は無限なので、「作っている人」「原材料」を明記。お店の日々や店主のライフスタイル等を書いたブログ、インスタグラム等にファンが集まる。

洋服のネットショップ

「海外買いつけ」等、オシャレでニッチな存在

【仕事の概要】

アパレルショップは多くあるけれど、「本当に欲しいものが見つからない！」。路面のセレクトショップよりも、もっと嗜好を絞り込んだ世界観で「そうそう、私もこんな柄が着たかった」に応える。

【どうやったら、その職種で開業できるか？】

・商品の仕入れルートさえ見つければ、特に資格は必要なし
・アパレル企業での「バイヤー」「販売」の経験は、売上に直結
・ネットショップ開設の知識。商品紹介と魅せる写真の技術

【長所・短所】

👍 長所

・「好きなもの」を自分で選ぶことができ、囲まれる生活。「自分のセンス」を選んでもらえる喜び
・ショップモールでなく、自前のHPなら経費は少ない
・オシャレ感度の高い人向けの洋服は、一般雑貨よりも単価が高い
・お客様も店主と趣味嗜好が同じなので、関係が長く続きやすい

👎 短所

・常に「仕入れ」が必要なので、「売上が上がっても、すぐに仕入れ費に回す」というサイクルになりやすい
・アパレルのネットショップは数多く、サイトの知名度を上げる（顧客にリーチする）までに時間がかかる
・量産品を扱った場合、売れ筋商品を同業者が扱い出す等、真似されやすい

【収入＆初期費用】

初期費用

商品の仕入れ費数十万円。ネットショップの開設費（最初はHPを手作り。無料で開設できるサイトで試行錯誤するもよい）、レンタルサーバ代月額1,000円〜。撮影用デジタルカメラ

収入

客単価が1万円以上の商品構成なら続けやすい。固定ファンが増えれば、月商300万円という例も。

【ここがポイント】

・ひとりで運営できる範囲なら、顧客ターゲットは難しく考えずに、「自分」。「私が欲しいもの」を並べれば、ニッチな店になる

・例えば「海外で買いつけ」で既存店にはない商品を揃えて差別化し、ファンを増やして長く継続する店も多い

・量産品なら、「他店より少し安い」価格設定が選ばれる鍵

・売上が増えれば、「実際に商品を手に取って見たい」というニーズに向けて、実店舗を持つことも多い。その場合、店を店舗兼倉庫として、ネットショップを運営しながら、お客様が来れば接客するというスタイルに。売上の伸びが見込めてからなら、失敗するリスクは少ない

雑貨のネットショップ

「趣味で収集した雑貨」からはじめ、独自の世界観を作る

【仕事の概要】
「インテリア小物」「家具」「アクセサリー」等を独自の世界観で
Web販売。時間帯ごとに「撮影」「受注」「発送」「HP制作」の作業。

【どうやったら、その職種で開業できるか?】
・新品を扱うなら、特に資格は必要なし。センスとマメな接客力
・中古品を販売する場合は、「古物商」許可（62ページ）

【長所・短所】
👍 長所：少資金で開業可。HP制作や
世界観作りの「センス」があれば、
ひとりでも素敵な店ができる

👎 短所：家具等は、倉庫スペースが必
要。自宅スペースを考慮した商品構
成にする必要性

【収入&初期費用の例】
初期費用：商品の仕入れ費数万円。ネットショップの開設費（HP
は手作り）、レンタルサーバ代月額1,000円〜

収入：1商品300円くらい〜数万円。1日にアップできる商品数（そ
れが売上の上限）と単価の関係から、数千円〜が望ましい

【ここがポイント】
量産品でなく「手作り品」や「海外の蚤の市で仕入れた古いもの」等、
「他にない商品」を扱ったほうが長続きしやすい。ファッション雑
誌のような魅力的な「写真」とHP全体の世界観が購買欲をそそる
ので、デザインとコーディネートのセンスが必要。ショップコンセ
プトを統一し、コアなファンを集めたい。

食卓に華やぎと元気を加える

テーブルウェアの
ネットショップ

食べることは生きること。生活を豊かにする「器」にこだわる

【仕事の概要】
「陶磁器」「ガラス」「漆器」等の器を販売。実物を見せる店舗を週2～3日開店する場合も。お店の心意気やセンスにお客様がつく。

【どうやったら、その職種で開業できるか?】
・特に資格は必要なし。中古品を販売する場合は、「古物商」許可
・ライフスタイルへのこだわり、センスに妥協を許さない審美眼

【長所・短所】
👍 **長所**：個性的な商品なら、流行なく長期的に扱える（腐らない在庫なので、長期保管可）

👎 **短所**：ガラスや陶器は割れやすい。食器だけの販売で売上は伸びにくい。キッチン用品や食品を少し

【収入＆初期費用の例】
初期費用：商品の仕入れ費数万円～。ネットショップの開設費（HPは手作り）、レンタルサーバ代月額1,000円～
収入：取り皿1,000～2,000円、プレート皿2,000～3,000円。大皿・ボウル3,000～5,000円、漆・木製の茶碗3,000～4,000円、マグカップ2,000円くらい等

【ここがポイント】
価格競争に陥らないために、大量生産品より、味のある作家器を扱う。お店がめざすライフスタイルを描く「エッセイ、コラム」や詳しい商品紹介と共に販売。食器の販売では、「料理をおいしそうに盛りつけた写真」の有無が売上を左右。コンビニでも買える身近なおかずとランチョンマット、花のあるテーブルがポイント。

PART

3

ネット通販の仕事

企画デザインし、プリント業者に発注した製品を販売

デザイン・プリント製品ショップ

パソコン1つでデザイン、発注、販売まで

【仕事の概要】

店主が企画・デザインし、業者に発注して制作したものを販売。写真やパソコンで描いた画像を印刷業者に発注し、「Tシャツ」「インテリア雑貨」「バッグ」「キッチン用品」等を自由に制作。

【どうやったら、その職種で開業できるか?】

新品の販売なら、許可は必要なし。ただし、中古品を加工するなら、「古物商」許可が必要。例えば、「中古の洋服を、一部加工（例：刺繍をつける、襟や裾だけ変形）して販売する」場合（62ページ）

【長所・短所】

👍 長所

- デザイン力を活かして、たったひとりでも、ブランディングされたオリジナル商品を世界中に売れる
- 作りたいものを、自分の裁量で自由に生産することができる
- 固定ファンがつけば、一定量の売上が確保できる
- ショップモールでなく、自前のHPなら経費は少ない

👎 短所

- 売れるかどうかは未知数（やってみないと結果はわからない）
- 業者に発注して作ってもらう制作費がかかる
- デザイナーひとり、というニッチな世界観になるので、ファンを集めて一定の売上になるまでに、少々時間がかかる
- 梱包、発送作業に手間がかかる。「オリジナルの喜ばれる梱包」で「お礼状」を同封したいが、丁寧に作業するために時間を要する。作業を効率化する必要あり

【収入＆初期費用】

初期費用

商品の試し制作費（試作品さえも販売できる）数万円。デザイン用
パソコン周辺機器とソフトウェア。ネットショップ開設費（最初は
無料サイトでよい）、レンタルサーバ代月額 1,000 円〜。

収入

マグカップ 1,500 〜 4,000 円。布小物 1,000 〜 4,000 円。布トー
トバッグ 1,500 〜 4,000 円。Tシャツ 2,000 〜 4,000 円。パーカー
2,000 〜 8,000 円等。

【ここがポイント】

・自分のペースでコツコツと続け、少しずつファンが増えていく。
　最初は固定費を最小限にして、独自の世界観を作って発信して
　いくとベター。大手企業のように不特定多数を相手にするわけ
　ではないので、広告宣伝費はあまりかけなくても OK。ブログや
　Facebook でビジュアル上の世界観を魅せ、共感を集めていくこ
　とが近道

・価格は「何度も購入できる額」に設定し、リピーター客獲得

・自宅の中や近所の公園で商品をデジカメ撮影する等、近場で仕事
　すべてを完結することが、ひとりでたくさん作業するコツ

・イベント出店によって、「商品を手に取って見たい」「デザイナー
　に会いたい」というニーズに応えることができる

通販サイト「職人.com」
櫻井慎也さん

工芸品の
ネットショップ

日本の職人による手仕事を世界へ。世界を旅するオーナーが、
京都の町家から贈るオンラインショップ

　日本製工芸品のオンラインショップ「職人.com」。南部鉄器や
漆器、伊賀や備前産の焼き物、竹細工、木製の器等、審美眼で目利
きした 100 以上の職人ブランドを掲載。京都西陣にある築 100 年
近い町家 2 棟が、ショールーム兼

曲線が美しい「栗久　曲げわっぱのおわ
ん」（4,320 円〜 税込）

住居です。柔らかい風が通る日本家
屋には、大正時代にタイムトリップ
したような時間が流れ、商品が静か
にそして堂々と展示されていまし
た。「世界中の人たちに、日本の文
化や伝統技術のよさを伝えたい」と
いう代表の櫻井慎也さん（以下、慎
也さん）。そんな慎也さんのライフ
ワークは「職人.com」と「旅」。これまで 131 ヶ国への旅で、日
本製工芸品のクオリティの高さを再実感してきました。

人の手が加わったものには、唯一無二の美しさがある

　「日本の伝統技術や文化には、価値がある」という慎也さんの想い。
「自然の素材を使い、人の手で丸い形を作ると少しゆがむのですが、
それが最高の贅沢というか、完璧じゃないから美しい。もの作りは
人類の叡智で、技術には価値があるし、チャンスがあると感じます。
日本には、もの作りの産地が約 300 ヶ所もあり、クオリティだけ

でなく、その生産者の数でも世界一の伝統技術大国だと思っていま
す」

8歳から15歳までシンガポールで生活

　慎也さんは1981年に富山県小矢部市
で生まれ、父親の転勤で8歳から15歳ま
で、常夏の国シンガポールで過ごしました。
一部上場企業に就職した後、「インターネッ
トなら何かができる」と退社。友人のお母
さんの何気ない言葉で、日本の職人さんと
世界をつなぐ事業を思いつきました。

日々の生活を豊かにする、ケ
ヤキでできたコーヒーミ
ル「MokuNeji COFFEE
MILL」（2万1,600円 税込）

　2004年5月に株式会社を設立し、「職
人.com」を開始。生産者と消費者をつな
ぐ、生産者直送（ドロップシッピング）のプラットフォームを構築
します。売上が増えるとともに、ビルの一室を借りて社員数名を雇
い入れました。ところがある日突然、社員が全員辞めてしまい、「ど
ん底を経験しました」。人生に"ツキ"の流れがあることは、大学
時代に熱中した麻雀で学んでいます。

　「見えない不思議な"ツキ"がある。いい時は何をやってもうまく
いき、悪い時は自分の意図とは逆になる。そんな悪い時期は耐え忍
び、いい時が来たら、一気に進もう」

「人生の目的を探す旅」であらためて感じた、日本の素晴らしさ

　ひとりで事業を行なうことになった慎也さんは、ビジネスモデル
を変更し、よい商品を選りすぐって自社在庫を持つ通販事業へ転向。
そして「職人さんのように、職住一体の暮らしをしよう」と、築

PART
3

ネット通販の仕事

100年近い町家に引越しました。「自然の素材でできた家や道具を使うと、自然体で生きることができるようになりました」。その頃からはじまった、「人生と会社の目的を探す旅」。10年間で100ヶ国以上を巡り、現地の気候や暮らしの道具、経済状況を自分の眼で確認してきました。海外に行くたび、日本の伝統技術の素晴らしさを実感するのです。また、74ヶ国目のアイルランドで、妻の路子さんにも出会うことができました。

すべてをシンプルに。選択と集中

フワフワの卵焼きが作れると評判。和食料理人も愛用する銅製の「中村陶器製作所 玉子焼鍋小」（5,076円 税込）

「ビジネスで最も大切なのは"感性"を磨くことだと思います。そのために圧倒的な経験を積んで、一番大事なものだけを選んで集中していきます」。「職人.com」の通販サイトは、シンプルそのもの。購入者は会員登録なし、送料無料で「簡単に買える」システム。ページには、写真と黒字の説明文だけ。趣のある商品写真は、自然光が入る畳の間で、路子さんが撮影しています。また、「職人.com」には、自社製品は1つもありません。オンラインサイトやSNSとショールームで、人との交わりを深めていくことに集中しています。

Facebookと英語・中国語のサイトで世界中に発信

Facebookには、35万人の「いいね！」が集まり、そのうち23万人は海外からの共感。その中には、自国の伝統技術をネットで世界中に紹介する、というロールモデルとして捉えた見方もあるのではないでしょうか。「紹介した商品で、皆さんの生活に貢献できていることが嬉しい

小石原焼の豆皿、豆小鉢（各1,080円 税込）

です」。オンラインサイトも進化を続けています。日本語、英語だけでなく、2018年初春には中国語サイトもオープン。年々、海外からの注文も増えています。

広い畳の間に、まるで美術館の展示品のようにたたずむ商品

「広げては、絞ってシンプルに」の繰り返しで、進化し続けてきた「職人.com」。創業から10年かけて月商1,000万円に到達し、2017年度の売上は年商1億円を突破しました。慎也さんと路子さんは1年のうち280日くらいは、事務所に缶詰め状態。「寝る直前まで、ずっと仕事のことを考えています。今、楽しくて仕方がないです」

ショールームを世界中に増やしていきたい

建築や空間作りも大好きな慎也さん。2018年7月には、京都中心部にある登録有形文化財の建物に、2つ目の実店舗となる三条ショールームをオープン。同時期に、香港にある日本の家具・雑貨店での常設販売もはじまりました。

「やっと海外進出のスタートラインに立ちました。次は、シンガポール、台北にショールームを出店したいという絵が頭の中にあります。その国の文化を生

「職人.com」代表　櫻井慎也さん

かした空間にしたいですね。将来は、株式上場したい。上場によって、会社が社会に吸収されて永

続することに、永遠性を感じます。それを、この人生で成し遂げたいですね」

〈こぼれ話〉

　取材時には、掘りごたつで「80㎜」の湯のみでコーヒーをいただき、その風情にほっこりとしながら、何か新鮮な気持ちに。生活のすべてがブランドになっている、と筆者は感じました。

ネットショップ開設時　費用

パソコン	自宅パソコン（もともと持っていたもの）を使用
HP制作費	ゼロ（自分で制作）
仕入れ費	開業当初は生産者直送（ドロップシッピング）だったので、特になし

本社ショールーム（町家）の開設時　費用

外装	改装なし
内装工事費、備品	棚、照明 13万円

営業

ショールームの面積	隣り合った町家2軒
客層	30〜50代男女（男性：女性＝4：6）
客単価	8,000円くらい
スタッフ	慎也さん、路子さんの2人。三条ショールームには、アルバイト1名常駐

職人 .com 株式会社

〒602-8423　京都府京都市上京区藤木町795-2（猪熊通五辻下る）
TEL：075-415-0023　FAX：075-634-4203
E-Mail：jp@shokunin.com
営業時間：ネットショップ　9:00 〜 18:00
（土日、祝日を除く）
本社ショールーム　14:00 〜 17:00（火、水、木曜日）
HP：https://www.shokunin.com/
ブログ：http://jp.shokunin.com/
Facebook：
https://www.facebook.com/shokunincom/

At Home
Entrepreneurship

PART

4

パソコン
を
使う仕事

ライター、現地コーディネーター、通訳
岩田デノーラ砂和子さん

イタリア・シチリア島在住のライター

現地コーディネーター、通訳、翻訳で、
イタリアの魅力を伝える

　地中海に浮かぶ歴史と自然の宝庫、イタリア最南端の島シチリア州の州都パレルモに住む、岩田デノーラ砂和子さん。在住17年、日本人の目線でイタリア事情を紹介する書籍や女性誌、旅行誌、ガイドブック、Webサイトの編集や記事を執筆するほか、現地での人脈や経験を活かして、テレビや雑誌の取材全般のコーディネートや通訳もしています。通訳は、イタリア商工会議所認定の腕前。プロフェッショナルな仲間たちと、イタリア・シチリアの旅と暮らしの情報サイト「La Vacanza Italiana」を運営し、最近では個人旅行者向けのオリジナルツアーの紹介をはじめました。

旅行雑誌の制作ディレクターとして、日本全国を飛び回った20代

　20代は、リクルート社で旅行雑誌の制作ディレクターとして、記事風広告を企画制作。取材のために全国津々浦々を飛び回っていた岩田さん。「日本でやっていたことをイタリアでも続けている感

テレビ撮影のロケ地コーディネートと通訳で訪れた、世界遺産エオリア諸島のフィリクーディ島

じです。でも、もともと海外で働きたいと思っていたわけではないのですよ」。イタリアに渡ったきっかけは、友人に誘われたミラノ旅行。「イタリア語は"Ciao（やぁ）"くらいしか知らなかったけれど、イタリア人がとても朗らかで楽しくて。フランス語を習っていましたが、友人の『イタリア語のほうが合ってるんじゃない？』

のひと言で、習いはじめました」

　東京・渋谷のイタリア語学校に週1回、会社帰りに通学。そして長期休暇を利用し、フィレンツェに2週間の語学留学をしました。その時に「現地で習うほうが早く習得できるかもしれない」と感じて、数年の準備期間を経て、退社を決意。時間の融通が効くフリーの編集ライターに転身し、仕事や短期語学留学で何度かイタリアを訪れるなか、「もっと長く現地に滞在したい」と、2001年に渡伊。「イタリア好きを公言していたからでしょうか。当時立ち上がったばかりの『All About』のイタリアガイドも編集長に声をかけていただき、スタートしました。はじめは4ヶ月間学校に通うつもりでしたが、結局、日本からの仕事の依頼で忙しくなり、かれこれ17年もイタリアに関わっています」。

岩田デノーラ
砂和子さん

「おかげさまでイタリアにいながら、やりたいことをやらせてもらっています」と岩田さん。その秘訣は、リクルート時代の先輩から聞いた「やりたいと思っていることは、自分から表に出せ」という教え。「自分の夢や希望を公言すると、情報も集まってくるし、応援してくれる人に出会えることもあります。人との出会いやつながりは、とても大切です」。また、頻繁に更新しているブログからも、岩田さんの楽しそうな人柄が伝わってきます。「ブログをきっかけにご連絡をいただくこともあります」

人脈と語学力を活かして「現地コーディネーター」に

　現地コーディネーターとしても活躍する岩田さん。昔から海外へ取材に行った際、現地の通訳やコーディネーターと一緒に働き、その職業の存在は知っていました。自分自身でも通訳やコーディネーターとなりましたが、そこには20代に培った制作ディレクターと

しての知識や経験も活かされています。それぞれの専門分野を持つイタリア人や日本人とともに「La Vacanza Italiana」を結成。日本のメディアから個人旅行客までを対象に、リサーチから現地アテンド通訳まで、コーディネーション全般を行なっています。2014年からは、気の合う友人とシチリアのオリーブ摘み体験や取材で知り合った農家を訪れる等、個人旅行者向けのオリジナルツアーを企画。毎年恒例となっています。

岩田さんの最新刊：イタリアの人気DJラ・ピーナさん著『I LOVE TOKYO』を日本語に翻訳

「もともと旅が好きなのですが、それが仕事になって、今やどこに行っても取材目線になってしまいます。そんな時は『趣味は、仕事にしないほうがいいのか』と思うことはありますが、逆に、新しい発見や素敵な人々と出会える仕事だから、続けていられるのかもしれません」。そんな岩田さんの座右の銘は「すべての旅は、自分につながっている（by ロバート・ハリス）」だそうです。

HP開設時　費用

パソコン	Mac Book Air（約15万円）など数台所有
HP制作費	初期費用約2万円（自分で制作）。年間運営費約10万円

宣伝費	名刺の制作　数千円

イタリア・シチリアの旅ツアー

参加者	30〜60代が多い（男性：女性＝1：9）
客単価	例）「シチリアの美味しいをめぐる旅」　5泊7日　23〜27万円

イタリア・シチリアの旅と暮らしの情報サイト「La Vacanza Italiana」

岩田デノーラ砂和子

イタリア　シチリア州　パレルモ
HP：https://lavacanzaitaliana.com/
ブログ：https://bonsenpai.com/
スケジュール詳細や問い合わせはサイトにて

写真提供：岩田デノーラ砂和子さん

自宅のパソコンでコーディングなどの作業

プログラマー

直接契約、仲介エージェント経由等、働き方はさまざま

【仕事の概要】

パソコンやモバイル端末システムやソフトウェアのプログラムを組む。案件はさまざま、仲介エージェントから受注する人も多い。

【どうやったら、その職種で開業できるか?】

・高いプログラミング能力（会社勤務経験は問わない）
・システム企業で働き、ビジネスマナーを身につけている人が強い

【長所・短所】

👍 **長所**：場所や時間の使い方は自由（昼夜逆転も）。手持ちのパソコンとスキルがあれば、初期費用はゼロ

👎 **短所**：最新のプログラミング言語やトレンドを習得する努力。長時間労働。需要は時期により不安定

【収入＆初期費用の例】

初期費用：手持ちのパソコン

収入：作業工数を見積もる場合の1案件の報酬＝時間単価×全プログラミングに要する時間数。仲介エージェント経由の場合、総額で提示

【ここがポイント】

受注は「企業からの受託」「仲介エージェントの紹介」「クラウドソーシング」等。自分の「得意分野」を見極めて受注する人が長続きする（その間、スキルはブラッシュアップ）。スキルだけでなく、企業担当者とのコミュニケーションが鍵。独自Webサービスを開発してネットを通じて販売し、収入源にする人も増えている。

PART

4

パソコンを使う仕事

ホームページ制作

制作技術 × デザイン力 × 通販センスで、
どこでも仕事ができる

【仕事の概要】

どんな商売も Web サイトを持つ時代。「サイトはプロに制作してもらい、売上を伸ばしたい」という要望を受け、Web サイト制作（時には Web 戦略全体）を請け負う。作業はパソコン1つで完結。

【どうやったら、その職種で開業できるか？】

・資格は必要ないが、サイト制作とインターネット全般の知識が必須。デザインセンスだけでなく、通販の商売センスがあればなおよし
・専門学校や各種スクールでサイト制作の知識を習得

【長所・短所】

👍 長所

・1つの案件を受注すれば、単価が高い（1件数万円から）
・基本的に、パソコン一台で作業ができる。お客様と対面して打ち合わせしなくても、Web 上のやりとりと電話で完結している人も多い。地方に移住する人も
・制作作業は、締め切り日まで、自分でスケジュールを組める。「昼間」や「夜間」に集中等、時間の使い方はとても自由

👎 短所

・新しいソフトウェア、コーディングの流行等で、常に新しい知識を学ぶ必要がある
・競合他社が多い。差別化が難しい
・急な仕様変更等に、対応し難い（自分しかスタッフがいないので）。サイト仕様の変更や修正が多い場合、それを価格に反映する交渉が難しい。「今日中に修正」等のスピード感を求められる場面がある

【収入＆初期費用】

初期費用

パソコン（手持ちのものがない場合）、自社 HP は自作なので、レンタルサーバ代月額 1,000 円～。

知識を最初から学ぶ場合、専門スクールの受講料　数十万円等。

収入

定型テンプレートのサイト制作（基本 5 ページ）5 万円～。オリジナルデザイン、簡単なプログラミング等（5 ページ）で 20 万円～等。

【ここがポイント】

・デザインの好みは人それぞれ。同じ人が制作したデザインは、やはりよく似ている。過去に制作したサイト画像と URL を自身の HP で紹介し、自分のデザインを好むお客様に来てもらう

・「サイトの定期更新」を請け負う等、定期収入を得る工夫を

・サイト内の導線等、制作したサイトの閲覧数や売上が伸びる工夫を施す力が必要。自身でサイトを運営してみる等、知識を貯めよう

・商品の通販とは違い、ネット上の情報だけで知らないデザイナーに発注するのは、サイト制作が高額なだけに気後れしがち。インターネット時代とは言え、「クチコミ」での受注が強い。仲介業者が存在するのも「人とのつながりと信用」が重視されていることの表われ

【こんな仕事も】

黙々とパソコンに向かって仕事ができるのが「データ入力・集計」。プロの多くは、入力専門ソフトにカナ入力でスピードと正確さを競う。受注は、信頼できる専門会社への登録とクラウドソーシング。集計レポートまで作成できれば重宝される。

SNSで世界中に斬新なアートを見せられる

イラストレーター

デザイン会社から独立、
夢の膨らむイラストを自宅デスクから発信

【仕事の概要】
描くのは、挿絵、広告、ポスター、商品パッケージ等のイラスト。
オンラインゲームや動画用、立体作品制作等、活動の幅は広い。

【どうやったら、その職種で開業できるか?】
資格は必要なし。広告制作会社やデザイン事務所でグラフィックデ
ザイナー等として働いた後、独立する場合が多い。

【長所・短所】
👍 **長所**：得意な「絵」で表現活動がで
きる。ライフスタイル（生き方）そ
のものが注目される人もいる

👎 **短所**：同業者、競合も多い。他にな
い「素材」や二次元の枠を超えた個
性ある作品を魅せていく必要性

【収入&初期費用の例】
初期費用：パソコン、グラフィック制作ソフトウェア等の購入（手
持ちなら費用ゼロ）。自身を宣伝するHP（自作する人が多い）
収入：イラスト1枚数千円～。ポスター、ロゴデザイン、商品パッ
ケージデザイン数万円～等

【ここがポイント】
SNSでイラスト作品を世界中の人に周知させる等、ネットで宣伝
できる時代に。「絵」に関する仕事の境界線はあまりない。Web
デザインの知識を得て、イラストを含めたHP制作等に仕事の幅を
広げる人が多い。イラスト制作に加え、アートディレクター（制作
全体の進行役、クリエイターのまとめ役）になれる人は強い。

カウンセラー

「電話」や「スカイプ」でカウンセリング、カフェで出張相談

【仕事の概要】
気軽に相談できるカウンセラーとして、「うつ等の精神疾患」「仕事」「家庭・恋愛の人間関係」「学校」等の悩みを1時間くらい聞く。

【どうやったら、その職種で開業できるか?】
・「臨床心理士」「産業カウンセラー」、各種「カウンセラー」資格
・病院やカウンセリングルームで働いた後、独立

【長所・短所】

👍 **長所**：カフェでの出張カウンセリングなら遠方で開催も可。つらい思いをする人を助ける仕事

👎 **短所**：同業者が多く、相談者は誰に頼んでいいのかわからない。特長を打ち出さないと差別化が難しい

【収入&初期費用の例】
初期費用：自宅一室を安らげる空間にするインテリア装飾費、机、椅子、HP制作(無料ブログ、FB可)。カフェの場所代、交通費
収入：対面カウンセリング60分5,000〜3万円・延長30分2,000〜1万円(飲み物代別)、電話カウンセリング60分4,000〜1万5,000円等

【ここがポイント】
相談者は、自分の悩みを深く理解して欲しいもの。カウンセラー自身の「経歴」と「どのような悩みを経験したのか」をHPに記載し、理解者であることを伝えたい(ブログ、メルマガにも詳細を記載)。「会う」ことでお客様は心を満たす。自宅カウンセリングルームは、くつろげる雰囲気、座りやすい椅子で「完全予約制」がベター。

未来を一緒に引き出して、作り上げる

コーチング

「電話」「スカイプ」で自宅にいながら。定期的なフォロー

【仕事の概要】
「仕事」「恋愛・婚活」「家庭」「健康」等の目標に対し、クライアントの潜在的な思い、気づきを引き出し、達成まで導く。

【どうやったら、その職種で開業できるか?】
・民間スクールで学び、各種「コーチング」資格の取得
・クライアントの想いを「引き出す」力と忍耐強く向き合う力

【長所・短所】
👍 **長所**：スキルがあれば、「電話」で仕事ができる。インターネット無料電話（スカイプ、LINE）等の活用可

👎 **短所**：仕事が夜間（午後9〜12時）に集中しやすい。クライアントの集客、信頼を得るまでに時間がかかる

【収入＆初期費用の例】
初期費用：集客用HP（無料ブログ、FB可）。対面コーチングを行うカフェの場所代、交通費
収入：対面コーチング60分1〜10万円、電話（スカイプ）コーチング60分1〜2万円等。3ヶ月コース（全6回）12万円等

【ここがポイント】
声に意識を集中させやすい「電話」や「スカイプ」をツールとして使うので、自宅で行ないやすい。「対面コーチング」は、お客様の事務所や駅近の広いカフェ等でもよい。「部下の指導」「売上向上」「キャリアアップ」等すでに経験があり、クライアントの状況を理解できる分野に特化すると、情報提供がしやすく、集客につながる。「コーチング研修」「セミナー開催」等で事業の多角化ができる。

経営、PR、人事、マーケティングの専門家

コンサルタント

名刺一枚と携帯電話で、ジブンが事務所

【仕事の概要】

企業の経営、PR、人事、マーケティング等を分析し、組織や事業のあるべき方向やその進め方について、指導・助言する専門家。

【どうやったら、その職種で開業できるか?】

経営コンサルティング会社や事業会社で経験を重ねて独立等。中小企業診断士や社会保険労務士の資格があると有利。経営の方法論を学び、各業界や分野を詳しく分析。

【長所・短所】

👍 **長所**：やりがい、生きがいがある。少資金で開業可（しかし、開業後の知識習得に継続的なお金がかかる）

👎 **短所**：企業幹部への助言は責任を伴う高プレッシャー。現場に出向く、本読み等、情報分析に時間を費やす

【収入&初期費用の例】

初期費用：パソコン購入、HP 制作費（無料ブログや FB 等の更新でも可）、固定・携帯電話、名刺
収入：プロジェクト報酬は案件による。企業の顧問・企業との月間契約 数万円～、講演 数万円～、自主開催セミナー 数千円～等

【ここがポイント】

得意な分野について、「〇〇コンサルタント」と専門を細分化するとよい。そして肩書以上に、自分らしさを活かした事業構築が肝。お客様の業態（法人、個人または仲介エージェント）によって、事業の進め方や単価も違う。チームとして動くコミュニケーション、目を引いて理解しやすいプレゼン資料の作成も重要な仕事。

お金と人生計画の専門家

ファイナンシャル プランナー

「年金」「住宅ローン」「保険」等、専門性を持って活躍

【仕事の概要】
生活とお金の現在、未来の希望図を聞き、パソコンで試算してライフプランをアドバイス。生命保険の代理店を行なう人も多い。

【どうやったら、その職種で開業できるか?】
・「ファイナンシャルプランナー」に関する資格を取って独立
・前職はさまざまだが、お金に関する職種を経験した人が多い

【長所・短所】
👍 長所:深い知識、アドバイス経験、コミュニケーション力で勝負。もの(在庫)がいらない

👎 短所:年々変化する各種制度や金融商品に関する情報収集要。競合も多く、新規顧客開拓の営業力が必要

【収入&初期費用の例】
初期費用:テーブルと椅子3脚、パソコン、プリンター等
収入:相談料は1時間あたり5,000円～2万円。保険の手数料は各種契約による

【ここがポイント】
特に重要なのは「専門分野」を持つこと。専門には「住宅ローンの選び方」「教育資金の作り方」等、自分の人生経験が活きる。HPやブログで知識の豊富さ、アドバイスの的確さを示すコラムを書くと、見込み客がそれを隅々まで読んで依頼。お客様は自分の気持ちがわかる人に頼みたいため、「経歴」や「趣味」を詳しく書く。

暮らす空間を作り上げる充実感

インテリア
コーディネーター

主婦経験、営業経験と「昔からインテリアが好き」が活きる

【仕事の概要】
住宅やオフィスの壁紙や家具、照明、カーテン等を選び、配置して提案。空間デザインと暮らしやすさが両立する方法を日夜研究。

【どうやったら、その職種で開業できるか？】
民間スクールで学び、インテリアコーディネーター資格を取得。空間演出のセンス、仕事のない日でもインテリアを見て歩く探究心。

【長所・短所】

👍 **長所**：生活経験が長い程、「暮らしやすさ」のある提案力が増す。色彩センスや接客力が活かされる

👎 **短所**：仕事は土・日曜日が多い。お客様のイメージ通りに仕上げるために神経を使う。短期間勝負

【収入＆初期費用の例】
初期費用：宣伝・集客用HP（無料ブログ、FBも可）、チラシ印刷代
収入：インテリア訪問相談・ショッピング同行2〜3万円、個人宅のインテリアコーディネート15万円〜

【ここがポイント】
建築士、カラーコーディネーターや整理収納アドバイザー、テーブルコーディネーター資格等、多面的な知識で空間演出する人が多い。企業から受注するなら、住宅メーカーや設計事務所、リフォーム会社との外部契約。お客様からの直接受注はHPやFBから。コーディネート例のビフォー・アフター写真を多く掲載する。

コールセンター

携帯電話、メール、チャットで、法人の受付業務を担当

【仕事の概要】
静かな空間で、固定・携帯電話で電話受け。会社や団体の受電担当者として、指定番号にかかる電話受けを代行し、事後対応と報告。

【どうやったら、その職種で開業できるか?】
・業者や知り合いの会社から「電話受付」や「事務局業務」を受託
・電話応対スキル、社会人としてのビジネスマナーは必須

【長所・短所】
👍 **長所**：コールセンターでありながら、ひとりで働ける。仕入れがなく、電話とパソコンでできる仕事

👎 **短所**：業務内容や商品知識を学ぶ必要性。業務時間中は（電話はなくても）自宅で待機しなければならない

【収入&初期費用の例】
初期費用：先方の業務システムへの接続や連絡用として使用するパソコン（手持ち品も可）。インターネット回線料 月額数千円
収入：テレアポ営業型は成功報酬。時給制は時給 1,000 円〜。団体等の事務局業務を受託する場合、「月額数万円」という契約も

【ここがポイント】
ネットショップの受発注処理や問い合わせでは、「電話」「メール」「チャット」等、数種類のツールを併用して対応するパターンもある。受託案件は広く情報公開されている場合もあるが、知人の紹介等、人間同士のつながりで生まれる仕事だ。受付の時間帯を事前に決めるので、ダブルワークや両立のスケジュールを組みやすい。

ネットで受発注、副業でもできる

テープ起こし

録音データを聞き、パソコンで文字に書き起こす

【仕事の概要】
録音データを聞きながら、パソコンで文章化。「会議の議事録」「裁判法廷」「医療学会」「講演会セミナー」等、多岐にわたる。

【どうやったら、その職種で開業できるか?】
・資格は必要ないが、通信講座で基礎知識を習得するとスムーズ
・テープ起こし会社への登録、クラウドソーシング等で受注

【長所・短所】
👍 **長所**：専門的な話が聞ける(守秘義務あり)。パソコンとネット環境さえあれば、どこでも仕事ができる

👎 **短所**：集中作業なので疲れる(1日に聞く音声量が限られる)。専門用語等、話の流れの理解が難しい

【収入&初期費用の例】
初期費用:業者からの受注なら、パソコン、イヤホン(ヘッドホン)、音声ソフト。ネットで直接受注なら、実績と価格を載せるHP制作
収入:例えば、60分録音データの文章化1万5,000円(経験や内容による。60分の音声を書き起こす時間は3〜9時間)

【ここがポイント】
人の話を聞き、文章を書くことが好きな人に向く。「医療」「法律」等の専門知識があると強い。実績と共に経験値が上がるので、開業当初は数をこなすことも必要。複数のテープ起こし会社に登録することで受注量を確保。直接受注する場合は、知人への営業活動やHP経由の実績を見て問い合わせが入るパターンが多い。

PART

4

パソコンを使う仕事

ブロガー

旅をしながら記事を書く。場所を問わないが、
コツコツと継続する力の賜物

【仕事の概要】
収入源は、ブログに貼る広告やアフィリエイトでの報酬。主催イベントの参加費総額が売上になる等、さまざまなパターン。

【どうやったら、その職種で開業できるか?】
ネット上の日記「ブログ」を開設し、毎日記事を書く。ページ数が増えれば、読者が増える。そこに広告リンクを貼る。イベントを開催するケースも。

【長所・短所】
👍 **長所**:ノートパソコン1つで勝負できるので場所を問わない（旅を続けながら、カフェで書くことも可）

👎 **短所**:読者を集めるには、毎日個性的な記事を書き続ける必要がある。精力的なネタ出しと活動

【収入&初期費用の例】
初期費用:ノートパソコン、ブログ制作費
収入:アフィリエイト収入は、広告リンクのアクセス数で決まる（Googleアドセンス）。イベント開催では、参加費×人数が売上

【ここがポイント】
毎日継続して、読者が関心を持つ記事を書き続ける根性がいる。「好きなこと、分野」をテーマに詳しく書き連ねていくことで特化型ブログになり、ファンが増えていく。さまざまな記事から、ブロガーの人柄や考え方が垣間見えて、ビジネスにもつながっていく。話すことより、「書くこと」が得意な人に最も適したPR媒体でもある。

配信するオリジナル動画に貼った広告で収入を得る

YouTuber

10代の憧れる職業にランクイン。
成功者は一握りの芸の道

【仕事の概要】
収入源は、動画共有サイト「YouTube」で配信するオリジナル動画に貼った広告収入。スマホで撮影、PCで編集してサイトに投稿。

【どうやったら、その職種で開業できるか?】
「YouTube」でチャンネルを開設し、「パートナープログラム」に登録。おもしろい、または役立つ動画コンテンツを作り、編集する力。

【長所・短所】
👍 長所：独創的な動画はすべて自分のアイデアを活かせる。固定概念にとらわれない生活スタイル

👎 短所：視聴数を稼ぐためには、1日中撮影とPCでの編集作業に追われる。成功する人はほんの一握り

【収入&初期費用の例】
初期費用：動画を撮影する機器（スマホも可）、自撮り用の三脚等の機器、編集作業をするパソコン、動画編集ソフトウェア等
収入：広告収入がメイン。再生回数に比例する広告収入の単価は、YouTube側の評価によって決定。年収幅は、0円から1億円とも

【ここがポイント】
1日1本細かく編集した動画を配信する等、地道な仕事。「化粧品」「衣料」「菓子」「飲料」等、企業とのタイアップで収入を得る場合もある。面白い企画制作によるファンの獲得と知名度の向上、一般企業の商品をさりげなく宣伝する力が収入アップの鍵。音楽、イラスト等の動画を作れば、クリエイターとしての売り出しも可能。

PART
4

パソコンを使う仕事

好きな分野なら何でも調べたいし、知っている

○○評論家

ラーメン、映画、自動車、サッカー評論家……
さまざまなジャンルを語り尽くす

【仕事の概要】
狭いジャンルの専門を持ち、その分野について研究、比較検討を続ける人。その分野は、基本的に好きで得意なこと（ゆえに、詳しい）。

【どうやったら、その職種で開業できるか?】
・資格は必要ない。「○○評論家」と名乗ることで活動開始
・一番興味を持ち、詳しい分野について研究を重ねて評論、発表

【長所・短所】
👍 長所：好きな分野を研究することが収入に。本業を持ちながら、副業で評論家の仕事をする人も多数

👎 短所：情報収集への絶え間ない努力、好き・嫌いにかかわらずその分野すべてを研究する必要がある

【収入&初期費用の例】
初期費用：HP 制作費（無料ブログや FB 等の更新でも可）。その分野の商品を購入し続けているので、過去から相当な出費
収入：テレビ出演 数万円〜、講演 数万円〜、一般企業からの商品開発依頼 数万円〜、自主イベント開催 1 人数千円〜等

【ここがポイント】
無数にある商品・サービスを比較して批評できるほどのマニアぶり。例えばお菓子評論家は、お菓子を食べてコメントを書く、お菓子を食べるイベントを開催して収益を得る、お菓子商品の開発に携わる等。さまざまな活動に関わることができる。「○○」はできる限り狭い分野にしたほうが、認知されやすい。

文書翻訳から映像翻訳まで、日本語と〇〇語をつなぐ

翻訳家

ネットと宅配便で、受注から納品まで

【仕事の概要】

「書籍」「雑誌記事」「Web」「ビジネス文書」「ゲーム」等の翻訳から、「映画」「テレビ」「DVD」「動画」等の映像翻訳まで幅広い。

【どうやったら、その職種で開業できるか?】

・ネイティブレベルの「〇〇語」力。各国の文化を理解した表現力
・翻訳仲介会社、制作会社に登録、企業へ直接売込み、HP 受注等

【長所・短所】

👍 **長所**:リビング机でも仕事ができる。時間調整が自由。どこの国、場所にいても受注から納品までできる

👎 **短所**:ネット翻訳の台頭。他国業者との競争で、価格競争が激化。納期が短い案件が多く、集中作業

【収入&初期費用の例】

初期費用:辞書、ネット通信料、パソコンと文書作成ソフトウェア、(映像翻訳の場合) 字幕制作ソフト、映像再生ソフト等
収入:単価は、言語と分野によって違う。(文書)日本語 400 字 5,000円〜。(映像) 10 分間の字幕を英語→日本語訳 1 万円〜等

【ここがポイント】

仲介会社を通さず Web サイトを作って直接受注するなら、「迅速な見積もりメールの返信」「翻訳以外の細かな対応力」「実績のアピール」が鍵。専門分野 (例:医療、〇〇業界、化学、会計等) を持つと、高単価に。需要が多く競合も多い英語や韓国語、中国語だけでなく、競合が少ない言語を合わせたトライリンガルは強い。

At Home
Entrepreneurship

PART
5

自宅を教室に

CASE 05

「アロマリラックス」
枡田久美子さん

アロマテラピー
スクール

ログハウスの一室で、アロマテラピースクールを運営
庭にはハーブを栽培し、メディカルハーブ講座も開講

　枡田久美子さんが主宰するアロマテラピーの教室「アロマリラックス」は、山口県宇部市にあるログハウスの一室で開講しています。各種のアロマテラピー資格対応コース、メディカルハーブやカラーセラピー等の講座があります。
　「植物の恩恵をいただいて、私たちは生かされていると思います。植物の油溶性成分を利用したアロマテラピー、水溶性成分を利用したメディカルハーブ、これらの療法は日々の暮らしを豊かにします」

ハンドトリートメントの施術を実演する「アロマリラックス」主宰 枡田久美子さん。「体が緩むと、心も緩みます」

　枡田さんは、もともと福岡県で歯科衛生士として働いていました。1994年、結婚を機に山口県宇部市に移り住み、自宅のベランダに緑を飾りたいと、数種類のハーブを育てるようになります。園芸店で行なわれたハーブ教室で「ハーブに関心があるのなら、アロマテラピーも学んでみたら」と先生に勧められ、高速バスで福岡市まで通いました。アロマの全身の施術を受け、「すごく気持ちが楽になりました。そして宇部の人にも、アロマトリートメントを提供したいと思うようになりました」。ところが、市内に知り合いはほとんどいないし、アロマという言葉もまだ浸透していない頃。「まずは、アロマテラピーと私自身を知っていただこうと、教室を開こうと思ったのです」。

1998 年 4 月に、カルチャーセンターで講師として活動を開始。ちょうどその頃、夫から「自宅としてログハウスを新築しよう。そのうちひと部屋を仕事に使っていい」という話が出ます。トリートメントと教室を自宅では

ログハウスの1階で講座を開く

じめる構想を立て、女性起業家支援スクールを受講しながら準備を進めました。

そして 2001 年 7 月、ログハウスの一室で、アロマテラピーとハーブのお店「アロマリラックス」を開店し、個人事業主としてスタート。最初は「癒しを求めている人からお金をもらっていいのか？」と悩んだそうです。しかし、夫の「学んだことを人に伝えて提供することは、恥じることではない」という言葉に励まされます。宣伝ツールと生徒さんへのお手紙として「アロマリラックス通信」を 2 ヶ月に 1 回発行するようになりました。

医療現場にアロマテラピーを導入したい

2007 年には、AEAJ 認定リフレインセラピストカレッジ山口校を開校。「県内にアロマテラピーインストラクター養成の認定校がなかったので、山口の方が近くで学べるスクールを作りたいと思っていました」。2013 年には、同校で学んだ AEAJ 認定資格保持者達で、アロマテラピーの普及活動を行う団体「山口アロマテラピーコンシェルジュ」を設立。「プロ意識を持ったアロマセラピストの育成に力を入れるとともに、資格を取った生徒さんを活かす場面を作っていきたい。ご縁をいただいた生徒さんの人生が豊かになるようなお手伝いがしたいです」。そのひとつの活動として、日本統合医療学会山口大会でハンドトリートメントを行なった際、「医療の現場に来てくれたらいいのに」という声がありました。その言葉に

感化され、「病院で働く看護師さんを癒す活動をするには、個人事業主より法人化したほうがいい」と、2016年9月に株式会社グリーンフレグランスを設立。

小中高校での「香育活動」。「次世代の子ども達に、アロマセラピストという職業の素晴らしさを伝えたい」

　「医療の現場にアロマセラピスト資格保持者が常駐し、医療現場で働く人や患者さんだけでなく、患者さんに付き添っているご家族にもアロマを提供するような活動がしていきたいです」

HP開設　費用

パソコン	自宅パソコン（もともと持っていたもの）を使用
HP制作費	開業後に制作

スクール開校時　費用

外装費	特になし（看板は、生徒さんからのプレゼント）
内装費	棚　10万円（通販で木工家具キットを購入して組立て）、テーブルと椅子3万円弱、ホワイトボード1万円（ホームセンターで購入）
その他	「アロマリラックス通信（2ヶ月に1回発行）」の用紙、印刷代　数百円
仕入れ費	10万円くらい

営業

教室面積	10畳くらい
客層	30代後半〜50代（女性が95%）
客単価	1dayワークショップ講座　3,000円〜、インストラクターコース約15万円
スタッフ	自宅講座は、基本的にひとりで運営（講演等は、教室で学んだ資格保持者がサポート）

株式会社グリーンフレグランス
School アロマリラックス

山口県宇部市
営業時間：9:00 〜 17:00
HP：https://www.green-fragrance.com/
ブログ：https://ameblo.jp/aroma-rx-2014
スケジュール詳細や問い合わせはサイトにて

写真提供：アロマリラックス

おいしいパンの焼き方を教える

パン教室

パン作り歴が長く、人と関わることが好きな人に向く仕事

【仕事の概要】
自宅キッチン＆リビングで、マンツーマンから 4 名等の少人数に
パンの作り方を伝授。焼き立てパンの香りと楽しい時間が過ぎる。

【どうやったら、その職種で開業できるか？】
民間スクールのパンを教える講師資格を取得（資格は特に必要ない
が、教室をはじめる準備段階で講師資格をめざす人が多い）。

【長所・短所】
👍 **長所**：作業台はリビングのテーブル
でも可能で、一度に 3 〜 4 名がテー
ブルでパンをこねることができる

👎 **短所**：人気業種のため、競合が多い。
差別化がし難く、集客に労を要す。
レッスン単価が上げにくい

【収入＆初期費用の例】
初期費用：講師用のエプロン、オーブン、発酵器、生徒人数分のボ
ウル、小麦粉、パン酵母、具材等の材料費、ティーカップ等
収入：グループレッスン 1 名 3,000 〜 5,000 円、マンツーマンレッ
スン 4,000 〜 1 万円、6 回レッスン 2 〜 4 万円等（すべて材料費込）

【ここがポイント】
生活空間が教室スペースになることが多く、家具の配置等を工夫。
無料ブログ、SNS で「レッスンで焼くパン」「レッスンの様子」を
発信、チラシをカフェに置いて集客等。「材料を混ぜ、生地をこね
る」から「焼き上がりを試食」まで 4 時間弱、午前 10 時から午後
2 時までなど自由な時間設定ができる。

料理教室

「料理を教えて」の声からはじめ、
十年来の生徒が通う人気教室も

【仕事の概要】

料理教室は、習い事として不動の人気。「あなたの料理は店よりも
おいしい」と言われ、「近所の人を数人集めて、材料費だけ頂戴して」
等ではじめて、その後本格的にレッスンを開催するケースも。

【どうやったら、その職種で開業できるか?】

・「自分の料理の美味しさや工夫」を発信する必要がある
・料理教室を開くのに資格は必要ない。作った料理を販売するなら、
　自宅であっても、保健所の営業許可が必要（64ページ）

【長所・短所】

👍 長所

・「料理」のメニュー作りも仕事の一環なので、日々の生活をすべて活かすことができる（夕食が試作メニューばかりになる日も!）
・「食材の買い出し」以外はほとんどの仕事を自宅でできる
・月に1回5〜6時間程度（開催および当日準備）からはじめられる
・年齢を問わない、息の長い職業なので、80代の先生もいる

👎 短所

・レッスン会場となる自宅キッチンとリビングから生活感を取り去る必要あり。見栄えをよくするため、食器棚等を刷新する人もいる
・スペースにより、1回に集客できる人数が限られる（2〜3名等）
・1回の集客のために、ブログやSNSでの発信等、広告宣伝活動には思ったより時間を取られる（私生活の切り売りのような面も）

【収入＆初期費用】

初期費用

自宅キッチンとリビングで開催する場合、初回レッスン用のメニュー試作　材料費、当日の材料費。調理器具。（場作りのための）テーブルクロス、食器代、花瓶と花代等。レシピの印刷代。

収入

1レッスン4,000～7,000円（材料費込み）。1レッスン6,000円で1回4名、月に10回開催すると、月商24万円（経費込）。

【ここがポイント】

・「基本的な家庭料理」「フランス」「イタリア」「ベトナム」「時短メニュー」等、さまざまな分野がある。開業地域にない種類は何かを考えてみる
・試食タイムは、写真映え（カラフルでオシャレ）するテーブルに
・生徒が教室を選ぶ基準の1つは「家から通いやすい」立地。電車やバスでのアクセスのよさ、駐車場は重要
・教室の開催時間帯は、平日なら昼間「午前10時半～午後2時」、夜「午後6時半～9時」等。昼間と夜では客層が違うので、どちらをメインにするか、教室コンセプトを構築する際の鍵となる
・最初は今住んでいる自宅ではじめて、「料理教室用のキッチンが欲しい」と、1階に教室スペースのある一軒家を建てる場合も

「本格的なシュークリームやケーキを作りたい！」に応える

お菓子教室

かわいらしさとおいしさのある夢の世界を提供する場所

【仕事の概要】
キッチンで2〜5名にケーキや焼き菓子の作り方を伝授。でき上がったお菓子を花のあるテーブルで試食するのは優雅なひと時。

【どうやったら、その職種で開業できるか？】
専門学校で学ぶ、ケーキ店でパティシエ経験等。お菓子を商品販売するなら、保健所「菓子製造業」営業許可、食品衛生責任者。

【長所・短所】

👍 **長所**：嗜好性が高い分野で遠くから通学してくれる。他分野（アートや花等）で学んだことが活かされる

👎 **短所**：需要は料理・パン教室に比べて少ない。空間作りや最新デザインの勉強に時間とお金がかかる

【収入＆初期費用の例】
初期費用：（自宅キッチンの場合）講師用エプロン、オーブン、生徒人数分の道具、材料費。テーブルクロス、季節花、食器やカップ等

収入：入会金0.5〜1万円、グループレッスン5,000円強〜、マンツーマンレッスン9,000円〜、12回コース8万円〜等（材料費込）

【ここがポイント】
「簡単な手順、手に入りやすい材料」でありながら、ケーキ店で売られるお菓子のような完成度をめざす人は多く、そのオシャレ度への関心も高い。テーブルコーディネートに力を入れる自宅教室が多い。経歴だけでなく、写真で選ばれる時代となり、お菓子を素敵に見せる「写真」作りはファッション誌さながらの大仕事。

広いスペースにヨガマットを敷いて

ヨガ・ピラティス教室

趣味で続けているヨガやピラティスの講師資格を取って開講

【仕事の概要】
例えば庭に面した部屋やマンションリビングの床をきれいに磨き、専用マットを敷けば、ヨガ（またはピラティス）教室に変身！

【どうやったら、その職種で開業できるか?】
・民間スクールのヨガ（ピラティス）インストラクター資格を取得
・スポーツインストラクターや接客経験等、コミュニケーション力

【長所・短所】
👍 **長所**：材料費も高価な道具も必要ない。広いスペースを持っていれば、開業費は非常に安価

👎 **短所**：時間の切売り的な面があり、1回あたりの生徒数で儲けが増減。競合も多く、集客に苦労

【収入&初期費用の例】
初期費用：ヨガマットの購入費、HP制作費（無料ブログやFBだけでも可）、明るく開放感のある空間（8畳に生徒2〜3名等）。
収入：グループレッスン1名2,000〜4,000円、マンツーマンレッスン5,000円〜1万円、6回レッスン1万5,000円等

【ここがポイント】
駐車場があれば、車を走らせてでも通ってくれる。日常の疲れを取るために来るので、生活感のないシンプルな空間が喜ばれる。「○○×ヨガ」のように、複数の要素を組み合わせるとニッチな存在に。自宅教室と並行して、公民館等を借りて複数の会場・立地でのレッスンも可。集客はブログやSNS、メールでやり取り。

PART

5

自宅を教室に

小物を手作りする楽しさ☆

ハンドメイド教室

「趣味だった○○を自宅の片隅で教えはじめました」
から拡大する

【仕事の概要】

「手芸品」「アクセサリー」「洋服」「絵付け」等の作り方を教える。
ハンドメイド作品作りと並行する作家が多い。作品を販売するより
教えるほうが得意な人は教室に特化。教室の作品展を定期的に開く。

【どうやったら、その職種で開業できるか?】

・資格は特に必要ない。手先が器用で常に多く作品を作っていること
・プロになりたい人を教えるなら、商用小物の制作に携わるプロ
　フェッショナル技術が必要。初心者を教えるなら、手芸の基礎知
　識と実践力。得意分野が明確ならベター

【長所・短所】

👍 長所

・作品作りを教えることで、収入が得
　られる。日々の手芸活動で得たスキ
　ルや「簡単にする工夫」等は、初心
　者に教えられる
・週に1回から、年に数回まで、開講
　頻度を自由に決められる
・レッスン1回で教えられる人数は4
　～20名と多い（内容による）
・自宅リビングのテーブルに手芸道具
　を広げてレッスンができるので、初
　期費用が少ない

👎 短所

・「その時期の流行」がある。はやっ
　ている作品や手芸手法なら集客しや
　すいが、時期が過ぎると競合が増え
　るという傾向も
・レッスン開催場所が自宅なら収益を
　一定額得やすいが、どこかに場所を
　借りると収益が減りやすく、自宅教
　室と両立が望ましい
・固定ファンが増えるまで、集客が難
　しい。ブログやSNSでの発信等、
　宣伝に時間がかかる

【収入＆初期費用】

初期費用

自宅リビングで開催する場合、空間をオシャレにするインテリア装飾費、テーブルクロス、手芸の道具代（人数分）、材料費（人数分）、カップ＆ソーサー（人数分）、手芸テキスト印刷代。

収入

（以下、材料費の設定はさまざま）1レッスン3,000〜8,000円。月謝（月4回）8,000〜1万5,000円。8回コース4万円等。月謝8,000円で1ヶ月の生徒数が50名なら、月商40万円。

【ここがポイント】

・「レッスンで作る作品」を毎回考えることも仕事の1つ
・レッスン会場は、ハンドメイド企画展のような「作家らしい」空間にしたい（どこかに場所を借りる場合はその必要性は少ない）。自宅リビングで開催するなら、玄関やトイレ、廊下、リビングの各所を「（生徒が思う）素敵な空間」に近づけていく努力がいる
・SNSで宣伝してもらえるよう、写真映えするテーブル設定や撮影場所を作りたい（作品を並べると、素敵な雰囲気になる壁紙等）
・宣伝・集客の一環として、SNSやブログに、先生自身の新作をどんどん発表したい。潜在顧客の「わあ、かわいい！」の感情を保ち続けられるか、先生自身の挑戦でもある

香りと色彩の力で癒される

フラワーアレンジメント教室

花卉市場に通って「生花」を買いつけ。
趣味からプロをめざす人まで

【仕事の概要】
お花の生け方を流派、または現代風にアレンジして教える。教室特化型から、生花店の一事業としての開催等、さまざまな形態。

【どうやったら、その職種で開業できるか？】
華道の流派「池坊」「草月流」「小原流」等、各種スクールで学び、師範資格取得。生花店に勤務し、アレンジメント技術を習得。

【長所・短所】
👍 長所：流派で自分も学びながら、教えて収入になる。気に入れば10〜20年と長く通ってもらえる

👎 短所：生徒が休むと、生花代がムダになる。女性主宰の自宅教室は生徒が女性に限られることが多い

【収入＆初期費用の例】
初期費用：花器（花瓶）代、花バサミ等の道具、材料として生花代、HP制作（無料ブログやFBも可）、チラシ・パンフレット代、看板
収入：1レッスン5,000〜8,000円、10回コース7〜8万円等（1回1.5〜3時間、花材代込）。花材代が毎回約3,000円の場合も

【ここがポイント】
心地よい音楽を流し、ティータイムを設けるなど五感に響かせて。「花」の種類やアレンジメントの色彩には、好みがある。HPに「先生のアレンジメント作品」「好きなもの（色彩や趣味嗜好）」の写真を掲載すると、先生に合う生徒が長く通ってくれる。自宅教室だけでなく、曜日ごとに多くの場所で開講することで生徒数が増やせる。

個性的で長く残る作品を作る

プリザーブド
フラワー教室

「特殊加工で花や葉の美しさを長く保つ」
アレンジメントは人気

【仕事の概要】
教室ではプリザーブドフラワーの基礎からはじめ、華やかなインテリア作品等を制作。アレンジメント作品は贈答用として販売。

【どうやったら、その職種で開業できるか?】
・民間スクールで学び、講師資格等を取得
・花が好きで、アレンジメントが得意な人。継続して制作する人

【長所・短所】
👍 **長所**：生花を活かすことができる。大抵の花事業と相性よし。作品（商品）の単価が高く、長持ちする。

👎 **短所**：ギフト品はネット通販で選ぶことが多くなり、よりデザイン性と価格の追求を求められる

【収入＆初期費用の例】
初期費用：華やかな空間にする内外装費、棚、花、加工液、染色液、ワイヤー、花器、ラッピング等の材料費、HP制作、チラシ、看板
収入：季節リース・レッスン5,000～8,000円、ブーケレッスン2～5万円、贈答用アレンジメント4,000～3万円、ハーバリウム2,000～7,000円等

【ここがポイント】
同業者との競争は激化しているので、レッスンは「教室空間の素敵さ」「講師の特徴」「アレンジメントのテイスト（色）の好み」「時間選択の自由さ」「地域」等で差別化したい。商品は、次々出てくる新しいテイストをいち早く取り入れて高価格を維持したい。イメージが大事な商売なので「写真」「ヴィジュアル」勝負とも。

自宅一室で「教室」、「出張型」も

ピアノ教室

土日メイン、平日午後3時から9時までが主な教室の時間帯

【仕事の概要】

自宅のピアノで教える。音大受験レッスンや子ども向けリトミック教室に特化等、地域により差別化。大手スクール講師との兼務もよい。

【どうやったら、その職種で開業できるか?】

小さい頃からピアノを弾いてきた音楽大学の出身者が多い。大手スクールの講師を経験した後、自宅で開業するパターンが多い。

【長所・短所】

👍 **長所**:音楽の習い事の中でもピアノは一番人気。丁寧な指導で、十数年来の生徒が通う

👎 **短所**:競合が多く、集客に労を要する。近隣に住む生徒や家族の目線、日常生活でも緊張感がある

【収入&初期費用の例】

初期費用:ピアノがある部屋に防音設備。看板。宣伝用HP(無料ブログやSNSも可)。チラシ代(プリンターで印刷)

収入:音楽スクールに勤務する場合、月謝(1回30分月3回)9,000円強のうち、4〜6割が講師収入に。自宅レッスンの月謝(同)は8,000円前後

【ここがポイント】

教室開講にあたり、自宅の外観や玄関、看板等を改装する人も多い。生徒は幼児から大人まで幅広く、「どの顧客層に強みを持つか」と地域性を吟味し、特化するのもよい。午前中をメインに働くなら3歳以下向けのリトミック、夜をメインにするなら大人向け。レストランでの演奏、幼稚園・保育園への出張授業等も。

アコースティックギターで弾き語り

ギター教室

大人向けレッスンからウクレレ教室、ライブ演奏、
自作CDの販売まで

【仕事の概要】
週に2〜3日は自宅教室、別の数日はイベント出演や大手音楽ス
クールの講師等をする人が多い。自作CDを発売する人も。

【どうやったら、その職種で開業できるか？】
資格は必要ないが、わかりやすく教える力。集客力。大手スクール
の講師を経験した後、自宅でも開業するパターンが多い。

【長所・短所】
👍 **長所**：持ち運び可能なギターは場所
を選ばない。各所でのライブ活動を
集客につなげることができる

👎 **短所**：集客が困難（最初は大手ス
クールの講師になり、自宅教室への
集客も増やすパターンが多い）

【収入＆初期費用の例】
初期費用：防音設備。教室レンタル用のギター、譜面台。看板。宣
伝用HP（無料ブログやSNSも可）。チラシ代（プリンターで印刷）
収入：音楽スクールに勤務する場合、月謝（1回60分月3回）8,000
円前後のうち、3〜6割が講師収入。自宅レッスンの月謝（同）8,000
円前後

【ここがポイント】
集客には、自身の音楽活動も大切。「ウクレレ」を教える機会も多い。
ピアノ教室との違いは、生徒の大多数が「大人」であること。レッ
スン以外に通う楽しみが必要だ。「なぜ大手でなく、個人の家に通
うのか」。生徒は趣味のギター演奏者として共同演奏会を楽しみに
するので、他教室と協力して楽しいイベントが作れるかどうか。

大会出場、スポーツ選手の経験を活かして

スポーツ教室

広い土地にスポーツ練習場、出張型の体育教師……
アイデア次第で人気教室に

【仕事の概要】

体操、ゴルフ、柔道、卓球、バレエ等の教室。広い敷地に自ら設計した練習場やコース、自宅一階を体育館やジムにする等、驚く発想。

【どうやったら、その職種で開業できるか?】

元プロスポーツ選手、体育大出身で教員免許、子ども時代から打ち込み指導者経験等、競技スポーツを教えられる実績があること。

【長所・短所】

👍 長所：競技によってはプロ選手との両立も可。自分の子どもを一緒に教えて、選手に育て上げる人も多い

👎 短所：練習場に使える広い土地が必要（時に移住も）。生徒の安全面に神経を使う（スポーツ保険に加入）

【収入＆初期費用の例】

初期費用：ジムの建築費やスタジオや道場への改修費。コーチのユニフォーム、練習用具。マットや畳、一面鏡。HP 制作、チラシ代
収入：入会金 5,000 〜 1 万円。月謝は 6,000 〜 2 万円等（生徒が加入するスポーツ保険は別途）

【ここがポイント】

「バレエの練習が続けられる自宅を建築」等、子ども時代からの生きる道と仕事を合体させた起業方法。スポーツ教室は各地域でニッチな存在となり得るので、大会成績等の実績を前面に出すことでクチコミ集客可。地域行事参加や幼稚園への出張授業で認知度アップ。出張型の体育教師事業、教室スペースは公的体育館等を借りる方法もある。

テーブル1つで運営できる

子ども英語・英会話教室

「英語圏の出身」「留学経験」等を活かし、
午後3時から夕方に働く

🗣️ apple

【仕事の概要】
小学校で英語必修となり、「英会話」形式の塾へのニーズが高まる。「ネイティブに近い英語力」で近所の子ども達を少人数制で教える。

【どうやったら、その職種で開業できるか?】
・必須資格はないが、「ネイティブ」「TOEIC ○○点」等の実力
・地域での信頼。徒歩 5 分圏内に幼稚園・小学校がある立地

【長所・短所】

👍 長所：仕事時間が午後3時から夜に集中するため、午前中を有効活用可。少人数制レッスンは単価が高い

👎 短所：「英語」学習には大手塾も参入して競争が激化。「英語を話す」訓練は少人数制となりやすい

【収入&初期費用の例】
初期費用：テーブルと椅子 5 ～ 6 脚。ホワイトボード。看板。徒歩圏内に配布するチラシ代（コピー数百枚）、テキスト代
収入：月謝は週1回（月4回）6,000 ～ 1 万 3,000 円等。資格学習のような座学は 10 名以上で月謝は安めに、英会話レッスンなら少人数制で高めに設定

【ここがポイント】
英語ネイティブの少ない地域では、集客しやすい。「徒歩圏内に子どもが多く住む」立地が必須。「英語圏の出身者」を講師として呼び、自分は塾運営者に徹する方法も。「英語で料理を教える」等、他分野との組み合わせも差別化の1つ。地域に根差して実績を上げれば、クチコミで毎年集客できる。

学習塾

玄関に近い一室に、机と椅子（座卓に座布団）、
そして黒板（ホワイトボード）を置いて、教室の完成！

【仕事の概要】
学校の放課後や春・夏・冬の長期休みに、宿題や勉強の面倒を見る。
「個別指導」のニーズに合わせ、子ども各々に合った指導を行なう。

【どうやったら、その職種で開業できるか？】
・必須資格はないが、学校や塾で子どもを教えた経験と実績
・地域での信頼。徒歩5分圏内に幼稚園・小学校がある立地

【長所・短所】

👍 長所：午後4時から夜11時に集中。生徒が通う期間が長い（小学校から中学、高校まで）

👎 短所：少子化で見込み客が減（しかし放課後を安心できる人に任せたい家庭のニーズは増）。父兄対応が難

【収入＆初期費用の例】
初期費用：机と椅子8～10脚（または座卓と座布団）。白板。生徒募集用のHP制作。看板。チラシ代（近隣住宅に配るコピー数百枚）
収入：月謝は地域と学年、内容によりさまざま。月4回8,000～3万円等。曜日と時間がフリーで毎日通える制なら3万円～等

【ここがポイント】
金額以上に父兄に評価されるのは「どこまで情熱と愛情を持って、生徒を預かれるか」と「柔軟性」。差別化のポイントは、「国語」「数学」等に専門分野を絞った受験対応タイプ、宿題や基本問題を見る学童タイプ等、目的を明確にすること。子どもの声が響くので、近所への配慮が必要。開講前に、近所への挨拶回りをしたい。

書道教室

地域、時間、講師の特性によって、「特化」する分野が違う

【仕事の概要】
筆の持ち方から、美しい字の書き方を教える。昔から生徒に子どもが多い（習字）が、少子化で大人向けの美文字教室にも力が入る。

【どうやったら、その職種で開業できるか?】
・各種の書道協会で学び、師範資格取得
・実力に加え、丁寧に教える力、コミュニケーション力

【長所・短所】

👍 **長所**：学んできた過程を思い出しながら指導。誰にでもわかりやすい事業で宣伝しやすくクチコミ多い

👎 **短所**：「墨」を使うので、部屋の各所や洗い場が黒く汚れる。競合が多いので、指導法や価格で差別化

【収入＆初期費用の例】
初期費用：横長の低い机、座布団（人数分）、汚れてもいい教室用の絨毯、すずり・筆・下敷き・文鎮（貸出用で複数）、半紙、看板
収入：入会金 2,000 ～ 1 万円等。月謝（月 4 回）子ども 3,000 ～ 5,000 円、大人 4,000 円～ 1 万円。体験レッスン 2,000 ～ 3,000 円等

【ここがポイント】
HP に先生の作品や教室の様子写真、指導方針などを明記したい。大人向け教室は夜 7 時～、昼間クラスは午後 2 時～と、午後から夜にかけてが活動時間帯。教室運営だけでなく、「賞状の名書き」「年賀状等のあて名書き」「海外からの旅行客向けレッスン」「書家」として各種イベントで「パフォーマンス書道」をする人も。

PART
5

自宅を教室に

143

墨と筆ペンで表現する

筆文字教室

テーブル1つではじめられ、作品を描く「楽しさ」と「笑顔」

【仕事の概要】

書道ではなく、筆ペンで「絵」のような字を書く「筆文字」。葉書や色紙の額入れ作品で、ほっこり温かい気持ちに。

【どうやったら、その職種で開業できるか?】

・民間教室で学び、教室開講資格を取得
・楽しい絵を描く力。楽しく教える力、コミュニケーション力

【長所・短所】

👍 長所:テーブル1つで教えられる、楽しい時間。いい言葉に触れ続けて元気になる

👎 短所:作品作りの楽しさはクチコミで伝わる。集客するまでに時間がかかる

【収入&初期費用の例】

初期費用:テーブル、椅子4〜5脚、筆ペン(人数分)。絵の具、紙等の道具代、テキスト印刷代、HP(ブログ、FB も可)、看板
収入:1回レッスン2,000〜1万7,000円、5回コース1万円〜等

【ここがポイント】

堅苦しさなく、字を書くこと、作品を作ることを楽しむ教室。生徒は「筆文字」を自分の商品に活かしたり、企業の「ロゴデザイン」を手掛ける人も。次ページの「絵手紙」「押し花」同様に、リビングテーブルに新聞紙を敷き、4名を教えることができる。

絵手紙教室

【長所・短所】

👍 長所：リビングテーブルの大きさが
あれば、どこでも 4 名教えられる。
講師も生徒も長く続く

👎 短所：競合も多く、「教室の楽しさ」
を伝えるには体験教室がいいが、体
験してもらうまでがひと苦労

【収入＆初期費用の例】

初期費用：テーブル、椅子（人数分）、道具代、HP、チラシ、看板
収入：1 回レッスン 500 ～ 5,000 円、10 回コース 5,000 ～ 5 万円等（開
催する地域や場所により大差あり）

【ここがポイント】

年齢を問わずはじめられる。色彩と自然のものを描く絵には「癒し」の
効果があり、他事業に加えた新しいサービスにもなる。高齢者ホーム等
の慰問事業にもなる（ボランティアが多い）。

押し花教室

【長所・短所】

👍 長所：年齢を問わない。在庫スペー
スが少ない。テーブルに向かって行
なう他事業との相性よし

👎 短所：作品作りを教えるには、自ら
湧き出るアイデアとアートセンスが
必要。類似品増で価格低下

【収入＆初期費用の例】

初期費用：テーブル、椅子（人数分）、道具代、HP 制作、チラシ、看板
収入：押し花レッスン（1 回）3,000 ～ 5,000 円、（3 回）9,000 ～ 5
万円（材料費込）。ブーケの花を押し花にする「アフターブーケ」1 ～ 6
万円等

【ここがポイント】

押し花の手法を用いた作品は作家の思うままに展開可能。集客は、制作
した作品の「写真」を「ネット」と融合させて。

畳の間で、日本の伝統を後世に受け継ぐ

茶道教室

年齢が上がるほど、説得力（魅力）が増す「お茶の先生」

【仕事の概要】
「茶道を習いたい」という需要はなくならない。生徒1～2名から、お稽古してしとやかに過ごす時間。「テーブル茶道」の教室も増加。

【どうやったら、その職種で開業できるか？】
・流派「表千家」「裏千家」等で茶道を学び、師範資格を取得
・「着物」を着て教えると風情が上がる。自らの「着付け」の技術

【長所・短所】

👍 長所：学んだことを伝えて、収入が得られる。30代で教室を開く人も。年齢を問わず、長く続けられる

👎 短所：各流派の仕組みの中で、他教室との違い（個性）を出すことが難しい。新規客には敷居が高い

【収入＆初期費用の例】
初期費用：畳の間と手持ちの着物があれば、「茶道具」「掛け軸」の購入。初回稽古では、人数分の和菓子代とお花代
収入：入会金 5,000～1万円等。初心者向けの月謝（月2～3回）4,000～1万2,000円等

【ここがポイント】
稽古日を「土曜・日曜と平日1日だけ」等、週に数日だけ設定すると、準備や掃除等の手間を省きやすい。集客方法はクチコミが多かったが、Webサイトで初心者を集める教室も増えた。身近な知人にHPやブログを作ってもらうという先生も。まずは「体験教室」の開催。各所で「茶会」イベントを開いて、茶道の啓蒙と集客を。

絵を描く楽しさを伝える

アート（絵画、造形）教室

週に2〜4日、講師のアトリエ兼教室に幼児から大人まで通う

【仕事の概要】
絵画や造形の作品作り、表現力を養う教室で、生徒は幼児から大人まで。講師のアトリエを教室として活用する。

【どうやったら、その職種で開業できるか?】
・必須資格はないが、美術大学を卒業してアート活動を続けること
・徒歩5分圏内に幼稚園・小学校がある立地。個性

【長所・短所】
👍 **長所**：教室は週に数日、午後3時から夜に集中。午前中や教室のない日は自分の制作活動に充てられる

👎 **短所**：ニッチな事業であり、ニーズが多くはない（同じ地域に数多くないので同業者の競合は少ない）

【収入＆初期費用の例】
初期費用：作業服。テーブルと椅子6〜8脚。道具や材料を置く棚。看板。画用紙や絵の具、色鉛筆、文房具等の材料費。チラシ代
収入：入会金3,000〜1万円。月謝は週1回（月4回）5,000〜1万3,000円等。体験レッスン1,500〜4,000円

【ここがポイント】
講師の才能だけでなく、「楽しさを伝える人間力」が集客につながるので、HPに講師の人柄を伝えるエピソードや好きなことを紹介したい。大手スクールとの差別化は同じ先生による継続指導。教室の内容や雰囲気を知る「体験教室」は重要なので、毎月日程を決めて開催したい。生徒の作品を展示する作品展の開催は実績にもなる。

PART
5

自宅を教室に

心の底から笑える、心のケアと外見作り

メイクレッスン講師

鏡とメイク道具だけで「コンプレックス」をカバーする技術

【仕事の概要】
個々に合ったメイクアップの仕方を、お客様自前の化粧品で教える。
一対一でゆっくりお客様の悩みに向き合い、美しくなる方法を伝授。

【どうやったら、その職種で開業できるか?】
・民間スクールのメイクレッスン講師資格を取得
・化粧品メーカーの美容部員や接客経験等、カウンセリング力

【長所・短所】
👍 長所:お客様が自信を取り戻す様子を見て、こちらが幸せに。好きなファッションやメイクを活かす!

👎 短所:ニーズはあるが、集客につなげることが難しい。「カラー」「小顔マッサージ」等の多様な知識が必要

【収入&初期費用の例】
初期費用:メイク道具ボックス(多様な化粧品)やスキンケア用品、鏡、ケープ、メイクの診断シート、HP制作(無料ブログやFBも可)
収入:マンツーマンレッスン6,000〜3万円、グループレッスン1名5,000〜2万円、10回コース7〜10万円等

【ここがポイント】
お客様のメイク方法と「どのような人になりたいか」という目標をヒアリングする時間が大切。「シミ」「アザ」「顔のパーツ」のコンプレックスを解消する技術とカウンセリング力は、数多くお客様に接すること。「顔のエステ、スキンケア」「化粧品の販売」「似合うカラー診断」「全身トータルコーディネート」等、収益の多角化を。

自宅を
サロンに

お店の一角に併設もできる

ネイルサロン

「2畳」にテーブルと椅子2脚を置き、サロンをオープン

【仕事の概要】

スタイリッシュなエプロンをつけ、お客様の話を聞くことに徹し、手元を美しくする職業。華やかな印象だが、緻密で地道な毎日。お客様が手を見て心から喜んでくれる笑顔が何よりの喜び。

【どうやったら、その職種で開業できるか?】

・各種ネイルスクールの資格を取得
・ネイルサロンに勤め、施術と接客の実務経験を身につけて独立する人も多い

【長所・短所】

👍 長所

・まさに手に職。「ネイルが好き」で学んだことが、そのまま仕事につながる
・新しいデザインを考えることが好きな人は、独自性を活かせる
・「机1つ」で施術はできるので、開業資金は店舗型よりかなり少ない
・教室事業として「ネイルスクール」を運営することもできる

👎 短所

・店舗型サロンと比較すると、お客様に「高いお金を払いにくい」という心理が動く。プロの技術を証明する写真と安心感を与える工夫を
・チェーン店から個人店まで競合が多く、強い個性がないと生き残れない(例えば、誰よりも聞き上手、受賞歴、デザイン力等)
・集客が近所の知人に偏りがちになると(最初はよい)、先が途絶える

【収入＆初期費用】

初期費用

マンションや一軒家の一室ではじめる場合（リフォームなし）は、サロンらしいカーテンや壁紙、テーブル、椅子2脚、棚、看板。ネイル道具。HPやブログ更新用のパソコン等（最初はスマホだけでSNS更新も可）。

収入

サロン施術の客単価6,000円〜。ネイルチップの販売2,000円〜、スクール運営（受講時間による）初心者向け10万円〜（材料費別）。

【ここがポイント】

・サロンスペースとする部屋は「玄関近く」等、家族の生活感を感じさせない空間作りが必要

・お客様の話を伺うことも大事な仕事なので、実際は施術よりも接客時間が長めになる。それを含めたスケジュールを組もう

・オシャレなサロンが少ない地域、交通の便がよい立地なら、ネット検索だけでも顧客獲得ができる。「ブログ」「SNS」をマメに更新したい。「ネイル作品」として写真で履歴を残すこともできる

・「ハーブティと茶菓子」等の癒しが、意外にリピーター獲得につながる要素

・「ネイルチップ」をネット通販する等、収入源を多角化しよう

「Nail salon FAIRY（フェアリー）」
橋上佳央さん

ネイルサロン

「お客様の爪を褒められる」喜びと楽しさ。
開業時はテーブルと椅子だけ。
インテリアは随時揃えた堅実派

　鹿児島県霧島市の自宅の一室でネイルサロン「FAIRY」を開いている「メンズネイリスト TERU」こと、橋上佳央さん。ネイルサロンをはじめて 8 年目を迎えました。開業当初は男性のネイリストが数少なく、「ご予約のお電話の際に、断られることもありました」。今ではクチコミで固定客も増え、TERU さんの元には、男性客や電車で 1 時間かけて通ってくれるお客様もいます。完全予約制で 24時まで営業、「仕事帰りで、20 〜 21 時から来店されるお客様も多いです」。

カラージェル 1 色 3,780 円、フレンチ
ネイル 5,400 円という低価格設定

　1979 年に大阪で生まれ、鹿児島に移り住んだ TERU さん。子どもの頃から、絵を描くことやプラモデル作りが好きでしたが、今は「爪という小さなキャンバスを塗っています」。金属部品の焼付塗装の仕事をしていた 20 代の頃から、自分の爪を磨いていました。友人に遊びでマニュキアを塗ってあげたところ、すごく喜んでくれて、「それからネイルにハマり、ネイル雑誌を見るようになりました」。そして仕事をしながら、ネイルスクールに通いはじめます。

朝は仕事、昼から夜はネイルの勉強をして資格を取得

朝6時から昼12時まで早朝の品出しアルバイト、自宅に帰って昼から夜までずっとネイルの勉強。そして2010年12月、JNEネイリスト技能検定3級を取得。その翌月、31歳の時に自宅一室をサロンにしてオープンしました。テーブルと椅子はニトリで購入し、インテリア雑貨等はほとんどありませんでした。

「Nail salon FAIRY」
店主 TERU さん

最初は技術に自信が持てず、「お金をもらうこと」を申し訳なく思っていたそうです。2012年6月、JNEネイリスト技能検定1級を取得。堅実派のTERUさんは、ネイル用のデスクと椅子、棚ラック、インテリア雑貨は「借金はせず、少しずつ買い揃えました。材料費込みで、総額で100万円くらいかかっています」。

インスタやブログのデザイン写真からファンが生まれる

ひとり当たり1時間から3時間の施術時間は、「集中しているので、時間がすぐに経ちます」。

ネイルのデザインは、ほとんどTERUさんお任せで受注。「カウンセリングや爪のケアをしている間に、なりたい雰囲気や職業、その人の肌に合う色、爪の幅や長さを見てデザインを考えます」。でき上がったネイルの写真は20〜30枚撮影し、そのうち1枚をインスタグラムやブログに掲載。「ストーンの位置等の『バランスがいい』とよく言っていただきます。お客様が外出先でネイルを褒められたと聞くと、嬉しいですね」。

2018年3月から、市内の美容院3店舗に出張。自宅サロンと

出張先での仕事を並行中です。爪を作る素材であるスカルプの粉から、筆一本で制作するキャラクターの3Dパーツも得意技。

「ネイルアートには、終わりがありません。だから、すごく楽しいです」

サロンのインテリア雑貨や棚は、少しずつ増やしてきました

開業時の集客ツール　費用

パソコン	自宅パソコン（もともと持っていたもの）を使用
HP制作費	なし。ブログサービス（アメブロ）を使用
仕入れ費	1万円くらい（カラージェルの購入）。ネイル用品は、それまでのものを継続使用

実店舗の設置時　費用

内外装費	なし（看板は、開業後しばらくして設置）
その他	机と椅子 2万円（ニトリで購入）。（開業後、ネイル用のテーブル椅子を10万円で購入。棚、ラック、雑貨等も、開業後に随時購入）

営業

店舗面積	約6畳
客層	25〜60歳の男女（男性：女性＝1：9）
客単価	3,000〜8,000円
スタッフ	オーナーひとり

Nail salon FAIRY

〒899-5101
鹿児島県霧島市隼人町住吉 535-2
TEL：080-6436-7607
E-Mail：sora0301-5421@i.softbank.jp
営業時間：9:00 〜 24:00（受付終了 22:00）
ブログ：https://ameblo.jp/fairy0828/
インスタグラム：@yoshi5421

写真提供：Nail salon FAIRY

香りでお客様もジブンも癒される

アロマテラピーサロン

植物の自然の香りで、付加価値のあるくつろぎ空間

【仕事の概要】
季節の香りを活かしたアロマテラピーオイルを活用したサービス。
アロマの「レッスン」「マッサージ」「石けん」「化粧品」等を提供。

【どうやったら、その職種で開業できるか?】
・民間のアロマテラピー検定資格を取得。分野を定めて、独立
・事業展開として、複数の資格を組み合わせると独自サービスに

【長所・短所】

👍 **長所**:少資金で開業可。香りで人を穏やかにすることができる。健康、育児、介護にアロマが活かされる

👎 **短所**:競争が激しく、お客様を集めるのにひと苦労。「売り」を作って差別化が必要

【収入&初期費用の例】
初期費用:くつろぎの空間を作るインテリア代、机、各種アロマオイル。季節のハーブティ、カップ&ソーサ、HP制作費。立て看板。チラシ代
収入:ハンドマッサージ(30分)3,000円、季節の石けん作り講座(2〜3時間)4,000〜1万円、アロマレッスン1万円前後

【ここがポイント】
まずは月1〜2回の稼働からチャレンジしたい。自宅のある地域、商圏(車で30分)に合わせた顧客ターゲット層、サービス内容、価格を決める。「花」「季節の香水」「石けん」「介護」等、「香りを活かしたサービス」で収益化。「ハンドマッサージ」、アロマ入門、検定やインストラクター養成「スクール」事業との組み合わせも。

PART

6

自宅をサロンに

美容エステサロン

エステティシャンがはじめる、隠れ家サロン

【仕事の概要】

「美しさ」を求める女性に施術する、体力のいる仕事。ひとり企業なら、完全予約制の隠れ家サロンで差別化するのもよい。

【どうやったら、その職種で開業できるか?】

・(資格は必須ではないが)民間のエステティシャン資格を取得
・エステサロンで働いて実践を積んだ後、独立

【長所・短所】

👍 **長所**:少資金で開業可。玄関に看板を出さなくてもいい(そのほうが、ノーメイクのお客様に喜ばれる)

👎 **短所**:美容という分野柄、生活感のない空間作りが必要。1日の施術数が2〜3名と限られる

【収入&初期費用の例】

初期費用:改装費。エステ機器、ベッド、椅子、シーツ、照明、飾りつけ小物。エアコン。施術オイルやガウン、おしぼり。チラシ代
収入:フェイシャル(60分)5,000円〜、(90分)9,000円〜、ボディ+フェイシャル(60分)8,000円〜、全身エステ(120分)2万円等

【ここがポイント】

「多くのメニュー(顔や足、耳つぼ)」「化粧品の販売」「肌ケアを教える教室」等、収入源を多角化したい。お客様が欲しいのは技術だけでなく、「特別に扱われる」セレブ感。高級感のある空間、香り、施術後のハーブティ、お菓子にこだわり、トイレタオルは厚めでいい素材。HPにサロン風景写真を載せ、お客様に安心感を。

足や背中の疲れを流す

リンパ施術サロン

ベッド1台数万円ではじめる、ボディや足裏リフレクソロジー

【仕事の概要】
リンパの汚れを流して体の疲れを和らげる癒しの仕事で、さまざまな分野がある。「完全予約制」で、「自宅まで出張」も多い。

【どうやったら、その職種で開業できるか?】
(必須ではないが)民間のセラピスト、リフレクソロジー資格等を取得。マッサージサロンで働いて実践を積んだ後、独立。

【長所・短所】

👍 長所：技術のある腕と少資金で開業可。経費（オイル代等）があまりかからず、利益率が高い

👎 短所：1日に1人で施術できる人数は2～3名なので、収入に限度がある。競合が多く、集客に労を要す

【収入&初期費用の例】
初期費用:改装なしでも大丈夫。施術ベッド、フットバス、シーツ、エアコン、飾りつけ小物や棚。施術用オイル。立て看板。チラシ代
収入:1回（30分）3,000～5,000円、（60分）5,000～9,000円（30分の施術でも、カウンセリングからお見送りまで90分かかる）

【ここがポイント】
営業時間は平日午前10時～午後3時等、自由に設定可。ベッド1台で開業できるが、お客様は癒しを求めるため、空間作りは重要。複数の分野、例えば「足つぼ療法」と「ボディケア（全身）」「美顔エステ」「整体」「アロマ」等を組み合わせるサロンが多い。ブログやSNSで「サロンの様子」や「施術者の人柄」を前面に出して。

1階に2席だけの

美容院

完全予約制、お客様は1日ひとり（午前中）でも、
80歳まで長く続けられる

【仕事の概要】

住宅街にポツンと見つかる美容院。なんと全国に美容院は約24万軒（毎年3,000軒も増）。美容師さんは2階に住む女性だったり、夫婦で経営だったり。ご近所客と数十年来のおつき合い。

【どうやったら、その職種で開業できるか?】

・美容院の開業に必要なのは、国家資格の「美容師免許」。美容院で長年勤めた後に独立するパターンが多い
・自宅で開業するには、「美容業」として保健所への開設届け出

【長所・短所】

👍 長所

・原価（シャンプー材等）が少なく、粗利が多い。シャンプーまで同じ美容師がすることが喜ばれる一面も。1日の顧客数にとらわれず、「生活費が確保できればOK」という視点なら長く続けられる
・エプロンをつけて、さっと化粧を整えれば、店に立てる
・「家から歩いて通える」範囲のお客様をゲットできれば、数十年来の常連客になったりする（長期的な収入確保！）

🚩 短所

・同業者が多いので、新規客の確保にひと苦労
・見込み客は自宅兼店舗のドアを開けることに大きな勇気がいる
・営業時間は店にいなければならない（しかし「完全予約制」なら、電話受けさえできれば、お客様がいない時間は家事や近所に買い物へ行ってもOK）

【収入＆初期費用】

初期費用

（自宅1階を改装する場合の例）約700万円

内外装費500万円、鏡・椅子セット、シャンプー台等の什器150万円、その他　パソコン、レジ等、シャンプー材等。

収入

カットで2,000〜3,000円から。パーマもかければ5,000円プラス。カット＋パーマまでだと、1万円前後。

【ここがポイント】

・同業店と差別化できる「特技」が必須。例えば「着物の着付け」「縮毛矯正」等。また、「子連れ」「ペット」OKは選ばれる鍵（おもちゃ、DVD、ゲージを用意）

・「女性ひとりで経営」は宣伝すべし。それを求める女性客がいる

・個人的なことを詮索しない、静かな接客を求める場合、話しかけ過ぎない

・店舗（自宅）は、人通りの多い道に面していること

・いつも潜在客の目があるので、忙しそうに動く姿、清潔感のあるオシャレがいい

・店の外観はシンプルでオシャレに。洗濯物等の生活感を見せない

・常連客の確保。「何十年来」のつき合いができるかどうか

接骨院・整骨院

2台の施術ベッドで、「女性が通いやすい」が成功の鍵

【仕事の概要】
接骨院の骨折や脱臼、捻挫、打撲の治療時間は30分から1時間。
営業は午前9時から夜8時くらい。2～3台のベッドで順番に施術。

【どうやったら、その職種で開業できるか?】
柔道整復師の資格取得。保健所に図面を見せて事前相談、開業から
10日以内に開設届。健康保険の取扱は地方厚生局に受領委任届出。

【長所・短所】

👍 **長所**:腕一本で食べていく。国家資格なので顧客側に安心感がある。保険と自費治療の両方を展開

👎 **短所**:同じ地域に競合多数。卓越した技術に加え、「癒しの声かけ」等で差別化する人間力勝負の商売

【収入&初期費用の例】
初期費用:ユニフォーム、施術ベッド、バスタオル、空気清浄機やエアコン。治療機器(リースも)、治療器具。立て看板。チラシ代
収入:健康保険3割負担の患者が支払う初診料1,500～3,000円、2回目以降500～2,000円。自由診療の整体やマッサージ30分3,000円～等

【ここがポイント】
ひとりで担当するので、2台のベッドで機器と手技を同時並行。保険診療に頼らず、全額お客様が支払う自費サービスを増やしたい。受付に女性がいれば、若い女性も骨盤矯正等で通いやすい(オフホワイト等の明るい空間、常に窓が開いている等の安心感)。治療が必要な高齢者のお宅を往診する形式なら、治療院はなくても経営可。

自宅型、出張専門、「美容はり」サロンも

はり灸院

女性の開業も多く、介護や在宅療養のお宅まで訪問診療も

【仕事の概要】
在宅療養の高齢者宅へ訪問診療する場合は、保健所へ「出張業務」開業届。治療時間は 30 分から 1 時間。小顔効果「美容はり」も人気。

【どうやったら、その職種で開業できるか?】
はり師、きゅう師、あん摩マッサージ指圧師資格。保健所に、開業 10 日以内に開設届出。健康保険取扱は地方厚生局に受領委任届出。

【長所・短所】

👍 **長所**：国家資格取得後、小資金で開業可。施術道具が持ち運びやすく、出張治療しやすく喜ばれる

👎 **短所**：想像以上の立ち仕事、力仕事。はり灸のイメージが湧きにくく、初診のハードルが高い

【収入&初期費用の例】
初期費用：ユニフォーム、施術ベッド（または畳に布団）、バスタオル、エアコン。治療の道具類。HP 制作、立て看板。チラシ代
収入：初診カウンセリング料 3,000 円、施術 30 分 4,000 〜 5,000 円、60 分 1 万円。美容はり 90 分 1 〜 1 万 5,000 円

【ここがポイント】
診療できる時間が「夜」や「週末」か「平日の朝と昼」かによって、「マッサージ」等を加えて複合メニュー化。治療が必要な高齢者のお宅を往診する形式なら、とても少ない資金で起業可。宣伝 PR のために、わかりやすく安心感のある HP を作り、先生の写真やプロフィール、実績、そしてはり灸治療の詳細を掲載しよう。

犬が好き！ワンちゃんの美容院

トリミングサロン

4〜6畳にシャンプー風呂とテーブルを置いて
かわいくヘアカット

【仕事の概要】

庭やガレージ、1階の一部を改装してサロン。動物の健康も管理しながら、トイプードル等のヘアカット。ペットホテル併設も多数。

【どうやったら、その職種で開業できるか？】

・専門学校等で学び、民間トリミング資格を取得（必須ではない）
・動物を預かる場合、保健所の「第一種動物取扱業」登録

【長所・短所】

👍 長所：犬に関われる仕事。勉強開始の年齢は問わず、何歳からでもオープン可。常連客が増えれば拡大も

👎 短所：需要は季節により大きく変動。飼い犬にお金をかける人が少ない地域では収入も少ない

【収入＆初期費用の例】

初期費用：改装費（冷暖房、換気、給湯、排水の設備。壁、床等）、トリミングテーブル、ドライヤー、ドッグバス。シャンプー等
収入：シャンプー 3,000 〜 1 万円、シャンプー＆カット 5,000 〜 2 万円、カラーリング 4,000 〜 1 万円。ペット預かり 1 泊 2,000 〜 5,000 円等

【ここがポイント】

人間の美容院と同じく、「オシャレな外装、内装」を示す HP。そして「カットの仕上がり写真」が一番の集客材料。商圏は車で 30 分の範囲なので、駐車場を用意したい。「エステ」等の追加料金だけでなく、「洋服やアクセサリー商品の販売」「ドッグカフェ」「ペットシッター」「ドッグトレーナー」等の事業はシナジー効果あり。

PART

7

自宅を
お店に

私達になくてはならない場所

カフェ＆
アートギャラリー

手作りケーキとコーヒー、紅茶をふるまう憩いの空間

【仕事の概要】

1 階にカフェスペースを設けた一軒家を新築、自宅リビングを改装
したカフェ。使える場所は自宅、親戚の空き家、実家。絵や音楽の
アーティストが自身の活動拠点としてカフェを併設する場合も。

【どうやったら、その職種で開業できるか?】

・保健所の「喫茶店」または「飲食店」営業許可、パンやお菓子を作っ
　て提供するなら「菓子製造業」営業許可も必要 (64 ページ)
・一店舗にひとりは「食品衛生責任者」資格者が必要

【長所・短所】

👍 長所

・腕を磨いてきた「おいしいコーヒー」
「料理、お菓子作り」を活かして、
収入が得られる。インテリアのセン
スを活かした空間作り
・50 ～ 60 代で開業する人も多い。も
し収入源が複数あれば、自分の好き
な店作りができる(客数や回転率に
こだわらず、好きな音楽をかける等)
・ギャラリーにカフェを併設すること
で、お客様も居やすくなる

👎 短所

・お客様の滞在時間に比べ、客単価が
安い(数百円～ 1,000 円)。併設カ
フェの場合、そこで利益を多く得ら
れる可能性は少ない(しかし、集客
と日銭が入るメリットあり)
・住宅街での営業時間は、昼間を中心
とする場合が多い。その分、客単価
が伸びにくい
・不特定多数の来客によって、近所ト
ラブル(事前に対処したい)

【収入＆初期費用】

初期費用

一軒家1階に厨房施設を作る：数十万円〜。実家や親戚の家1階部分を全面的にリフォームする内外装工事費：350万円〜。厨房設備、テーブル、椅子、看板。調理器具、食器。食材の調達。

収入

コーヒー350〜550円、カフェオレ350〜600円、ケーキセット700〜900円、ランチセット（ドリンク付）800円〜1,900円。

【ここがポイント】

・姉妹、母娘、父娘、夫婦等、家族2人での経営スタイルも多い。ひとりで運営するカフェは、「注文を聞いた後、調理工程の少ないメニュー」を選ぶ等、オペレーションの工夫が客数をこなす鍵

・ランチセットの魅力（おいしさ、おかずのバラエティ、価格面でお得感のある組み合わせ）が集客の鍵（有機野菜の多い体にいい料理等）

・憩いと集いの場なので、生活感をなくす空間作り

・料理教室の開催や絵の展覧会、イベント等、来客の少ない時間帯にスペースを有効活用しよう

・オーナーの生き方そのものが店のスタイルである。自分流を大切に

カフェ

商店街の脇道にひっそりとたたずむカフェ
もの作りが好きな一家の自宅2階にある、
緑とアートの空間

　都心の宿場町、北品川にひっそりとたたずむカフェ「zakka＋café La capi」。外階段を上がった2階の店舗から眺める、ユーカリの木とねむの木は四季折々の顔を見せます。江上沙蘭さんの自家

サワークリームを使った、なめらかで濃く、後味のよい「チーズケーキ（400円）」。独自のレシピには、何度も研究を重ねてたどりついた。ミルクコーヒー（350円）には、琴則さん特製のヒノキのスプーン

製ケーキと父・琴則さんのコーヒー、そして小さなアート作品が点在する店内やテラス席でくつろぐもよし、天然素材の雑貨やうさぎの木彫を眺めるもよし。「2階にあって、通りの人と目が合わないので、"隠れ家"というお客様もいらっしゃいます」。開業した13年前に植えたユーカリの木が伸び、「理想的なトンネルのようになりました」

「若い頃にした経験は、すべて無駄にはなりません」（琴則さん）

　看板や店内外にある木工品はすべて、琴則さんの手作り。長年、三越デパート等にある婦人服店のディスプレイを担当した装飾のプロで、「私のリクエストに応えて、父が黙々と作ってくれています」。コーヒーへのこだわりは、琴則さんが学生時代にコーヒー店でアルバイトをした頃から。「コーヒーを入れる経験はゼロではありませんでした。皆さんに喜んでいただくことができれば、自分としては

OK。主役は、彼女（沙蘭さん）なんですけどね（笑）」。「若い頃にした経験は、年を取っても無駄にならないと思っています、すべてにおいて。巡り巡って、今のような人生になっていますから」

居心地のいい店に憧れて、カフェ巡り

沙蘭さんは、美大でキュレーション（アート作品展示）を学んだ後、アパレルでディスプレイ装飾をするVMD（ビジュアルマーチャンダイジング）やプレスを担当していました。「商品を扱うことは勉強になり、今も役立っています」。「カフェをやりたい」と思うようになったきっかけは、大学時代に"カフェ巡り"が好きな友達と一緒に多くの店を回ったこと。素敵な空間に

「バターサブレ（150円）」は厚さ1cmで食べ応えがあり、コーヒーによく合う。ココナッツオイルが香る「米粉クッキー（150円）」

出会い、「『こんな風にできたらいいなあ』とか、だんだん勉強を兼ねて、カフェを巡るようになりました」。カフェでアルバイトをした時期もあったそうです。

自宅の新築をきっかけに「お店を持ってみたい」が実現

この場所は、「家を建てたい」と思って探しました。江戸時代の宿場町の起点となる品川宿の商店街。子ども時代から、徳川家康がお面を納めたといわれる品川神社の伝統的なお祭りや宿場祭りが好きだった沙蘭さんも大好きな街。そして、もの作りが好きで、「自分の店を持ってみたい」という漠然とした夢は、「家を新築するのなら、せっかくなのでお店も作ってしまおう」と、叶うことになります。琴則さんはコーヒー、お母さんは手作り雑貨、沙蘭さんはお菓子作りが趣味で、「雑貨を置ける喫茶店」というスタイルが決まりました。「それぞれができることをはじめた、という感じです」

内装ディスプレイは、持ち合わせの椅子や棚、そして手作り

　　大工さんには、自分達で考えた家の外観イメージや設計図を見せ、「床板はすべて "むく"、土壁にしたい」と希望を伝えました。1階は自家用車の駐車場、2階が店舗、3階は吹き抜け。「6〜7畳くらいのお店なので、吹き抜けにして開放感を出しました」。そして家全体を大工さんに建築してもらい、「壁」はむき出しでした。そこに家族全員で珪藻土を塗り、「大変だったけれど、3日間くらい」で大部分を白壁にしました。カウンターも家を建てる際に余った木材と厨房設置時に余ったタイルを使って、数時間で仕上げたそう。そして自宅で使っていた棚や緑の椅子やベンチチェスト等の「持ち合わせのもの」を運び込んだので、「自分達の労力はかかっていますが、お店の内装にお金をかけたことはありません」。

「zakka + café La capi」
店主 江上沙蘭さん

　　カフェのオープンは、新築から10ヶ月後の2005年8月。実は、一部の壁はまだむき出しだったそう。それから家を建てて余った木材で棚を設置したり、5年かかって今のような店舗ができ上がりました。当初のメニューは、コーヒーと数種類のケーキ。最初に置いた雑貨は今よりもずっと少なく、「無理なくスタートしよう」と開店。その後、「これならできる、これもできる」とメニューや雑貨を少しずつ増やしてきました。

5年目からはじめた音楽イベントやワークショップ

　　吹き抜けの店舗に楽器の音が響き渡る、不定期で開催する音楽イベントは、「ここで音楽イベントをやれたら、面白いね」がきっかけ。防音や音響設備はないけれど、「アコースティックのライブ

をやりませんか」と声をかけるようになりました。店内の10席を使ったワークショップも不定期で開催。また、白い壁は1週間2万円という価格で、ギャラリーとして貸出中。音楽、ハンドメイド作品、各種イベント等が集まるアート空

テラスは居心地がよくて、長居してしまいそう

間でもあります。「私も個人的にすごく楽しませてもらっています」。

「おいしい」と言ってもらえることが、やりがい

　自宅でお店をすることには、「自分で決めたことをすぐ形にして、結果を出せる」魅力があります。「今日はこのメニューを出したい」と思ったら、すぐにメニュー表に追加。一般企業のように、稟議を通す必要がなく、自由があります。また、ケーキ作りは昔からの独学で、何度も作り直して、沙蘭さん自身の好きな味にたどり着いたそう。お客様に「おいしい」と言ってもらえることが、嬉しいやりがいです。「La capi」の周りには中小企業が点在し、そこで働く人がランチを食べに来たり、コーヒーを飲んで休憩したり。昼間には、近所のママ達や学生が訪れ、商店街にある素泊まりの宿「ゲストハウス品川宿」からの紹介での来店もあります。

壁には、沙蘭さんのお母さん作のバッグ

キュレーターが好きなものを集めた、個性の店

「La capi」は、美大でキュレーションを学んだ沙蘭さんが作り出す、他にない空間。沙蘭さんの好きなものや家族が愛でるものだけを並べた、個性の店。沙蘭さんが作り出すケーキプレートやサンドイッチ、琴則さんのコーヒーやヒノキのスプーン、お母さんの制作するバッグ、好きな4名の作家達の作品等、「自分がいいと思うものをお客様にもいいなと感じてもらえて、気分よく過ごしてもらえることが嬉しいです」。

帰りの景色は、アーチ型のユーカリの木。白色のねむの花も年に2回咲きます。「高原にあるカフェみたい」と言われることも

祭りのある元気な街で、同年代の店主達と楽しく、広がる

店名の「カピ」は愛犬（メス）の愛称。フランス語で女性を表わす定冠詞の"la"をつけて、「La capi」に。各所にあるうさぎモチーフの作品は、「昔飼っていたうさぎがかわいくて、基本的にうさぎばかり彫っています」（琴則さん）

「無謀といえば無謀なスタートですが、"ぼちぼち"やってこられました。営業利益の追求ではなく、商店街や地域のつながりを大切にしています」。数多く開かれるお祭りの日には、「特別メニューのクリームあんみつを出して、お祭りに参加した気分を味わっています」。商店街の同年代の店主達と企画イベントを共同開催する等、横のつながりも大切にしています。「もっと地域の方とつながるイベントやワークショップを増やして広げていきたいです」。同じような好みの人との交流や季節ごとに変わる花や植木のグリーンには癒されるもので

すね。都会の中に、そんな緑あふれるカフェがありました。

〈こぼれ話〉

　父娘のあうんの呼吸には、「身内なのでお互いに甘えがあるけれど、すべてにおいて、表現し難い信頼感もあります」と琴則さん。家族で常にあれこれ話し合うことが、意思疎通につながっています。

大正12年生まれの沙蘭さんのおばあさんがアクリル毛糸で編んだ、手作りエコたわし（450円）

HP開設時　費用

パソコン	自宅パソコン（もともと持っていたもの）を使用
HP制作費	ゼロ（HTMLで自分で制作）

実店舗　費用

内外装工事費	約720万円（店舗部分のみ。内外装込）
備品	2〜3万円（食器類）、20万円（テーブル、椅子）
仕入れ費	（最初の1ヶ月）2〜3万円

営業

店舗面積	6〜7畳
座席数	店内10席、テラス6席
客層	（平日の昼）近隣の会社員、（夕方）幼稚園のママさん、大学生、（土曜）20代女性等
客単価	700〜800円
スタッフ	2人（江上沙蘭さん、琴則さん）

zakka + café La capi

〒140-0001
東京都品川区北品川1-30-4　（京浜急行電鉄本線　北品川駅から徒歩5分）
TEL・FAX：03-3450-8234
E-Mail：lacapi@east.cts.ne.jp
営業時間：11:00〜18:30
定休日：日曜日・祝日
HP：http://www1.cts.ne.jp/~lacapi/

お酒をメインに提供

居酒屋・Bar（バー）

夕方から深夜まで。日本酒、ワインだけを扱う専門店も

【仕事の概要】
夕方開店し、アルコールを中心にコースやそうざいを出す。飲食店の中では客単価が高いが、チェーン店や他店と競争が激しい。

【どうやったら、その職種で開業できるか？】
・保健所「飲食店」営業許可、食品衛生責任者（64ページ）
・午前0時以降も営業する場合、「深夜酒類提供飲食店営業開始届出書」を所轄警察署へ提出

【長所・短所】
👍 **長所**：お酒が好きな店主にとっては、趣味と実益を兼ねる飲食店。酎ハイ、ハイボール等は原価率が低い

👎 **短所**：飲酒の多い店は防犯上、店員が2人以上いたほうがいい等、安全に経営できる仕組みが必要

【収入＆初期費用の例】
初期費用：1階を改装または新築。厨房設備、カウンター、テーブル、椅子、看板。アルコール類の仕入れと食材の調達
収入：コース料理3,000円〜。焼き鳥200円、サラダ600〜800円、刺身盛1,500円、ビール350円、日本酒・焼酎・ワイン450円

【ここがポイント】
リピーター客の確保。立地は重要で、大きな道路に面した建物で営業したい。開業する地域性を考慮した業態選びが必要。住宅街なら居酒屋とし、家族連れでも食事ができる店に。人口の多い場所で「ワインビストロ」等をひとりで切り盛りするなら、カウンターだけ6〜8席の店だと動きやすい（その分、客単価を上げる必要がある）。

「〇〇料理専門店」を自宅で開業する夢!

レストラン

庭の空きスペースや新築の1階すべてを店舗として設計

【仕事の概要】
「イタリア料理」「フランス料理」等のシェフが自宅に作ったレストラン。例えばシェフ1名、配膳1名(配偶者や母)で、12~18席。

【どうやったら、その職種で開業できるか?】
・有名レストランでのシェフとして修行、海外(本場)での修行等
・保健所「飲食店」営業許可、食品衛生責任者(64ページ)

【長所・短所】
👍 長所:「近くで本格的な味」を求める人は一定数いる。Webや地元雑誌に載りやすく、グルメ客が来店

👎 短所:価格帯が高い分、料理だけでなく「お得感」やインテリア空間や食器までが評価の対象となる

【収入&初期費用の例】
初期費用:自宅の新築または(庭に)店舗を作る建築費。厨房設備等。テーブル、椅子。レジ。看板、旗のぼり。店内装飾、材料の仕入れ費

収入:ディナーコース2,000~8,000円。ランチセット1,000~3,000円。ドリンク400円~。アルコール450円~

【ここがポイント】
「〇〇料理」がニッチ分野なら、ネット上でも宣伝されやすく、遠方からも来店。「カップル、家族の特別な日」のためのメニュー、コース設定とお得感のあるランチコースでリピーター確保。繁華街でなく、来店人数は限られるので、「アルコール」と「デザート」で客単価を上げる工夫を。駐車場3~4台用意できれば集客しやすい。

PART

7

自宅をお店に

自分で縫いたい、お直しのニーズに応える

洋裁・編み物カフェ

「洋服作りが好き」が接客に活かされる

【仕事の概要】

「ミシンは所有したくないけれど、使いたい時もある。でも使い方がわからない」というニーズに、「洋裁が得意」がマッチ。

【どうやったら、その職種で開業できるか?】

・保健所の「飲食店」営業許可、食品衛生責任者（64 ページ）
・洋裁を教えることに、資格は必要なし

【長所・短所】

👍 長所：「洋裁」という趣味が仕事につながり、手持ちのミシンを資産として活かせる。長年の特技がお客様に感謝される仕事

👎 短所：「洋裁」か「カフェ」どちらを優先させるか悩ましいこと。「ミシンが使いたい」というニーズは不定期

【収入＆初期費用の例】

初期費用：業務用ミシン 1 台 6 〜 7 万円等数種類、アイロン、洋裁道具、テーブル＋椅子等の購入費、店舗の改装費
収入：ミシン使用は 1 時間 500 円、飲み物 500 円、ランチ 900 円等。洋裁講座は 1 回 3,000 円（材料費別）等

【ここがポイント】

洋裁には、結構時間がかかる。「ランチ」の提供等、お客様が長時間滞在できる仕組み作りを。不定期客だけでは、収入が読めない。定期的な「教室」の開催で、収入を得ること。「今回だけ自分で縫いたい」は割と特殊なニーズなので、広域からの集客が必要。ネット検索されやすい「HP」、「この日に営業しています」という情報を伝える「ブログ」や SNS の整備。

定食店

大きな会社、役所のある場所には、ランチ定食への需要あり

【仕事の概要】
会社や役所が近く、飲食チェーン店が少ない立地では、「温かい料理を安価で食べたい」という需要。常連客が週に1〜2回は来店。

【どうやったら、その職種で開業できるか?】
・保健所の「飲食店」営業許可、食品衛生責任者（64ページ）
・資格は必要なし。料理の腕（和食・洋食店で修業、達人主婦等）

【長所・短所】
👍 **長所**：80代まで腕を振る例も多い。「昼だけ、11時から14時まで営業」等のスタイルが取れる

👎 **短所**：店がはやれば、おのずと安価チェーン店が進出。通勤がある平日の昼間しか来客がない場合もある

【収入&初期費用の例】
初期費用：1階を改装または新築。厨房設備、テーブル、椅子、のれん、看板。食材（家庭用と同じような材料）の調達
収入：食堂風なら、3種類の定食550円〜950円。おしゃれランチ風なら、ドリンク付き定食2〜3種類800〜1,200円

【ここがポイント】
常連客を確保するため、日替わり定食（限定数）を用意。「今日のメニュー」をツイッター、FB、ブログ等で毎日配信。「その都度フライパンや鍋で作る料理」か「前日や朝に作り置いたものを盛り合わせるプレート風」か。手間をかける時間帯により、作業効率も変化。ひとりで売れる数に限界はあるが、家庭的な接客が喜ばれ、やりがいも多い。

「手打ちそば」は日本の伝統食

そば店

ランチと夜のお酒を求めて、少し遠くてもわざわざ通う店

【仕事の概要】
店主の味が出る「手打ちそば」は根強い人気。少し遠くても、ゆっくりした畳の間を求めて車で通ってくれる。

【どうやったら、その職種で開業できるか?】
・そば打ちの技術は、専門スクールで「1ヶ月」くらい学ぶ
・保健所の「飲食店」営業許可、食品衛生責任者(64ページ)

【長所・短所】

👍 長所：「昔から好きだったそば」を、研究を重ねた手打ちでふるまう幸せ。定年近くで学び、開業も多い

👎 短所：くつろげる分、お客様の滞在時間も長いので、客単価を上げる工夫が必要。メニューの刷新がないと飽きられやすい

【収入&初期費用の例】
初期費用：1階を改装または新築。「居抜き」の活用ならコスト削減。厨房設備、テーブル、椅子、のれん、看板。そば粉等の材料調達
収入：手打ちそばせいろ800円、そばと天ぷらのランチ1,300円、夜は、そばとつまみとお酒で客単価3,000円等

【ここがポイント】
「手打ちそば」と「天ぷら」のおいしさが勝負。くつろげる畳の間と広いテーブル、「酒の肴」と「お酒」で客単価を上げよう。和食系の店は、「トイレ」をきれいに保つことがリピーター確保の鍵。広域から集客するため、地域情報誌に掲載される工夫を。定年後は「土日だけ開業」で充実した集客とやりがいを得ている方も。

住宅街にあるアットホームな雰囲気の

寿司店

カウンターで味わう寿司、日本料理、お酒でくつろぎを

【仕事の概要】

カウンター5〜7席とテーブルや個室（10〜13席）。ランチ価格は周りの環境に合わせ、夜はグルメ通向けのおまかせコースも。

【どうやったら、その職種で開業できるか？】

・老舗寿司店で修業。専門スクール、独学で習得する人も
・保健所の「飲食店」営業許可、食品衛生責任者（64ページ）

【長所・短所】

👍 **長所**：「こだわり」と「腕」「居心地のいい空間」で、客単価が伸ばせる。広域からグルメ通も集客可

👎 **短所**：客層の選択により、売上は激変。地域をよく見て、チェーン店との競争激化なるか、高級志向か

【収入＆初期費用の例】

初期費用：1階を改装または新築。厨房設備、カウンター、テーブル、椅子、のれん、看板。庭園。自社HP制作（無料ブログも可）
収入：コース4,000〜1万5,000円、にぎり200円〜、一品500円〜、ランチコース2,000〜3,000円、ランチ海鮮丼1,000円、客単価3,000〜1万5,000円

【ここがポイント】

夜はお酒を飲みながら、ゆっくり滞在するお客様が多いので、客単価は高く設定（夜は1回転のみと想定し、席数と価格を設定）。「お祝い」等に予約したい店として、座敷やコース料理の充実。子ども向けメニューも用意したい。客単価1万5,000円の店なら予約制、食べ歩き趣味客を集客するための自店サイト、SNS更新も忘れずに。

生花店

プレゼントの生花ブーケ、リース、鉢寄せを
受注する

【仕事の概要】

自宅一階の8畳くらいに冷蔵ケースや切り花を置いて開店。また、ガレージに生花を入れたバケツ、鉢植えを置いて花屋さんに変身。店内にテーブルを置き、アレンジメント教室の開催も。

【どうやったら、その職種で開業できるか?】

花を扱うことに、資格は特に必要ないが、「花き市場」で花を仕入れるには免許申請が必要。「買出人章」の申請には、「交付申請書」「花き関係の仕事をする証明書」「顔写真」「登録料3,000円」。

【長所・短所】

👍 長所

・自分の好きな生花を仕入れることができる。花や緑のみずみずしさに力をもらえる仕事
・ブーケやフラワーアレンジメント教室は、高価格で推移
・花が好きなお客様は、優しい人が多い!? ブーケをプレゼントする人の想いに触れて、モチベーションとあたたかい気持ちに

👎 短所

・鉢や水運び等の体力勝負
・花き市場のピークは午前5時くらい、生花店の朝は早い
・生花の買付、開店準備、アレンジメント制作、HP更新、ネット通販、梱包・発送まですべての業務をひとりで行なうと、パンクしやすい。どこかに強みを持って、特化すると運営しやすい
・生花は傷みやすく、商品ロスも多い

【収入＆初期費用】

初期費用

内外装費、看板。冷蔵フラワーキーパー。陳列棚。花や花器、ラッピング材の仕入れ費。（仕入れに行くための）軽トラック。HP制作（無料ブログも可）。ガレージでの青空市なら最初は仕入のみも可。

収入

贈答アレンジメント3,000～3万円、ウェディングブーケ1～5万円、観葉植物2,000～4万円、冠婚葬祭の会場装花3～15万円。

【ここがポイント】

・ひとりで店を運営するには、店内で扱う「生花の量」を調整することが大切。来客数や時期によって「プリザーブドフラワー」「観葉植物」中心、「教室」を多く開催等、独自スタイルを築き上げたい

・需要が安定している「仏花」のリピーター客、「冠婚葬祭」の注文をどれくらい受けることができるか

・単価の高いサービスを定期的に受注したい（例：ブーケを「プリザーブドフラワー」「ドライフラワー」「押し花」で残すサービス）

・大病院近くなら、お見舞い用のブーケに需要あり

・フラワーアレンジメント教室等の開講で、アシスタント候補を集めることができる（注文が多い時期に手伝ってもらいたい）

改装なしの一室や庭先の青空市からはじめられる

雑貨店

自宅1畳のスペースからはじめて、
実店舗を構える人も

【仕事の概要】

雑貨店の規模は大小さまざま。自宅1階を改装して、雑貨やおもちゃを売る人、自宅のガレージで不定期に販売する人。売り物もテーブル・椅子等の家具から、アクセサリー類の小物まで多ジャンル。

【どうやったら、その職種で開業できるか？】

・雑貨を販売することに、資格は特に必要なし
・中古品を販売する場合は、「古物商」許可（62 ページ）

【長所・短所】

👍 長所

・大好きなテイストの商品に囲まれて仕事することができる。「長年、趣味で集めたもの」をお店いっぱいに敷き詰める人もいる
・少ない開業資金でお店をオープンできる（徐々にお金をかける）
・独自の仕入れルート（ある商品群だけ、安く仕入）があれば、他店より安価で販売する等の工夫で、一定の売上を上げることができる

👎 短所

・雑貨を仕入れて販売する場合、原価率が高い
・最初から店いっぱい商品を埋めると、仕入れ費が結構かかる（ネットショップのみなら安価）
・自宅店舗の場合、百貨店の商品より、価格は安くせざるを得ない
・他業態に比べ、「名前も電話番号も知らないお客様」の入店が多くなる（店内は、セキュリティやお金の管理ができる導線にしたい）

【収入&初期費用】

初期費用

商品の仕入れ費。自宅ガレージで青空市、玄関近くの一室を店にする場合、オシャレな陳列棚を用意。庭にある物置小屋（納屋）や自宅1階を改装する場合、自分達でペンキを塗ったりすればコスト減。

収入

商品群によりピンキリ。ハンドメイド雑貨300円〜5,000円、食器500〜3,000円、洋服3,000〜3万円、手作り家具1万5,000〜50万円等。

【ここがポイント】

・当然ながら、売れる商品はすでに周囲の店にあるものではなく、「そこで買いたい」と思えるもの。店舗に使用できるスペースや駐車場の有無により、扱える商材も違う

・「流行ではない定番品」は、販売期間が長いのでよい

・扱う商品の価格帯はさまざまで、どれくらいの数量を販売すれば採算が取れるかを計算。例えば、3,000円の「1点ものの器」なのか、2万円の「洋服」か。500円の手作り指輪か、5,000円のネックレスか

・「リビングの一角」に仕切りを設け、店舗スペースにする人もいる。日常使いのリビングをきれいに保つ緊張感はあるが、キッチンに立ちながらも来客がわかる等のメリットがある

パン店

焼き立てのパンの香り。
ふらっと立ち寄れるかわいい店

【仕事の概要】

住宅街にひっそりとある、自宅の一階を改装したパン店。木の温もりがある入り口を入れば、ショーケースにパンやマフィンが見えてドキドキ。営業日を「木、金、土曜の週3日」等に凝縮する工夫も。

【どうやったら、その職種で開業できるか?】

・保健所の営業許可は、「菓子製造業」。「サンドイッチ」を販売するなら「飲食店営業」も取得。食品衛生責任者(64ページ)
・パン製造の技術は、パン店で修行、専門スクール、独学で習得

【長所・短所】

👍 長所

・パン店勤務での製造経験やパンを焼く技術を活かすことができる
・新しいパンを考えて試作することが好きなら、アイデアの詰まったパンを商品化して、お客様に喜んでもらうことができる
・食べ物の中でも、パンは「食事」にも「おやつ」にもなる稀有な存在。お客様が買いやすい価格をつければ需要は絶えない

👎 短所

・パン店の朝は早い。午前3〜4時に起床して、仕込み開始(週1〜4日だけオープン等、曜日を限定して営業する店も)
・材料の小麦粉やバターの価格が高騰する。価格に反映しにくく、利益率が下がる
・単価が安いので、個数を購入してもらわないと客単価は伸びない。「売り切れ御免」の少量生産なら、売上は少ないが、ロスやストレス減

【収入＆初期費用】

初期費用

1階を改装する場合：厨房の改装費 数十万円〜（手作りならコスト減）、業務用または家庭用オーブン、ミキサー、売り場のショーケース、棚等。入り口付近の整備、看板。材料、梱包袋等。

収入

ドーナツ100円、あんパン150円、サンドイッチ300円〜、食パン、ハード系の大きなパン600〜800円等。客単価600〜1,200円。

【ここがポイント】

・自宅開業なら、周りには住宅が多いだろう。「自家製天然酵母」「全粒粉」「野菜が多い」「そうざいパン」等、「健康志向」と「実用性」

・素材や味だけでなく、扉を開けてみたいと思わせる外観「スタイリッシュ」「かわいい」が選ばれる。内装は、手作りすると、あたたかい雰囲気が出る

・出店場所により、「また買いたい」と思わせる価格設定が必須。庶民的な街なのか、オシャレな街なのか

・店内やかごの並びには、雑貨店のようなかわいらしさ、楽しさを

・自宅でひとり店主のパン屋さんなら、どこまで価格を抑えられるだろうか。住宅地なら「おいしいけれど、価格が手頃な店」が選ばれる

・「オシャレ、面白い写真」が撮れる個性的な商品を、店の看板に

「キナリノワ」
清水麻美子さん

パン店

閑静な住宅街にあるパン屋さん
実家の一階を改装して、
3人の子育てをしながら天然酵母のパンを焼く

毎回、具材の変わる【ライ麦パン】（290円）。今回は、ナスとレンコン、チーズ。天然酵母の独特な香り、粉の味が引き立ち、後味すっきりで一気に食べたくなる【全粒粉パン】（350円）。ひまわりの種、クランベリー、サルタナレーズン、クルミが入って、噛めば噛むほど味わい深い。なんだか懐かしいけど、新しい感じがするパン

「○○パンが焼き上がったよ〜」

元気な声は、お店の横にある厨房から聞こえてきました。神奈川県横浜市の閑静な住宅街にある「キナリノワ」。清水麻美子さんが焼く天然酵母のパンは、噛み応えがあって、小麦粉の味がしっかり感じられます。定番のまるパン（130円）、レーズンパン（140円）、自家製あんことバターをコッペパン（180円）に挟んだあんバタこっぺ（330円）、胡麻チーズパン、食パン、ライ麦パン、全粒粉パン等に加え、毎回違う「気分パン」が2種類ほど。天板いっぱいに焼くフォカッチャも大人気です。月に数回ある営業日を心待ちにするお客様が、店内に並んでいました。

近所の人にパンを配り、「教えてほしい」の声で教室を開講

3人のお子さんがいるお母さんである清水さんがパンを習いはじめたのは、長男が4歳の時。「もともとパンが好きで、パン教室に通って自分が食べたいパンを作っていました」。その頃は、まさかパン屋さんをはじめるなんて想像もしていませんでした。実は、"飽きやすい性格"だという清水さんですが、パンを焼くことには情熱

が湧くばかり。焼き上げたパンを近所の人に配ると、「教えてほしい」という声があり、自宅でパン教室を開きました。ずっと、「家でできる仕事」を探していたのです。それから約3年間は教室と並行して、イベントに誘われるたびに出店。「いろいろな所に出ていきたい」と、イベントでつながった人達の輪が広がりました。

生まれ育った実家に引越し、1階を改装してパン店に

少し時間が経ち、お母さんと同居することになりました。そこでお母さんから、「お父さんが生前、事務所として使っていた1階を何かに使ったら」という提案を受けます。小さい頃住んだ土地とはいえ、知り合いのいない場所での一からのスタート。「パン教室をはじめても生徒さんが集まりにくい。まずパン店をはじめて味を知ってもらおう」と、生まれ育った実家

左から、全粒粉パン、レーズンパン（140円）、ライ麦パン、今回は気分パンとしてキャロットケーキパン（260円）

に家族で引越したのが、2010年4月のこと。清水さんが36歳、長男が小学6年生、次男5年生、長女が年長の時でした。

センスがいい知り合いの大工さんに内外装工事を依頼

事務所スペースをお店に作り変える内外装工事は、センスがいい知り合いの古道具屋兼大工さんに依頼。工事期間は5ヶ月弱。

60㎡（約35畳）の部屋を、厨房と店舗スペースに分けました。トイレはありましたが、洗面所と向きを逆にしたりとひと苦労。壁は、清水さんが子ども達と一緒に塗装。入り口の屋根に通した一本の丸太、窓枠、ドア、テーブル、ショーケース等は古道具屋さんで揃え、木の懐かしい温かみがあります。

そして厨房設備として、中古の業務用オーブンを購入。自分でネットで調べて、安価なものを探しました。家庭用と違ってオーブンの

重さは数トン、普通の住宅だと底が抜けてしまうので鉄板を敷いています。

1年目はお客さんが来なくて、毎日チラシをポスティング

その年の9月に店舗が完成して、「キナリノワ」をオープン。清水さんはパン屋さんで短期間アルバイトをしたことはあるけれど、店の運営方法はわかりません。「見よう見まね、最初はショーケースもなく、机の上にパンを並べて売っていました」。パン作りも接客もすべて、ひとりで行なっていた頃です。

お茶を飲めるイートインのテーブル。すこしスパイスの効いたお茶と買ったばかりのパンを口にしてくつろぐ

開業から1年は集客にとても苦労しました。「お金をかけられないので、自分でチラシを印刷して毎日ポスティングしに行きました」。1年間で数千枚のチラシを配り、そのうち来てくれたのは1割ほど。「焼いても売れ残る、その繰り返し。売れ残ったパンは、友達に宅急便で送っていました」。周囲から「売れ残ったパンは翌日に安く売ったらどうか」という声もあったが、清水さんは「お客様が楽しみにするのは、その日に焼けたもの」だと、新しいパンを焼き続けます。「もう営業できないかもしれない、と思った時もあります。それでも通ってくれるお客さんがいて、パンを作ることも楽しいので、店をやめようとは思いませんでした」。

地元のテレビで紹介され、店の存在を知ってもらえた2年目

2年目にお客様が増えはじめたきっかけは、神奈川テレビでの紹介と常連客のクチコミ。「いつも焼き上げる量では追いつかなくなり、焼く個数を増やしました」。3年目は、クチコミでもっとお客

様が増えました。

4年目に店を閉めたいと思った事件と「待っている」の言葉

今まで店を閉めようと思ったのはたった一
度。清水さんはパン教室で自家製酵母の作り方
を習ってから、玄米酵母を作っていました。し
かし4年目となった2014年、原因不明で酵
母を起こせなくなります。パン教室の先生にも
相談して再チャレンジしても、うまくいきませ
んでした。つらくて、パン作りのアイデアがまっ

業務用オーブンで、次々
にパンを焼き上げる店主
の清水麻美子さん

たく湧きません。そんな時に救われた、常連さんの「待っている」
の声。そしてホシノ天然酵母を使ってみると、作りたい気持ちが戻っ
てきました。お客様の「楽しみにしていた」「おいしかった」とい
う言葉に支えられ、「また明日、がんばってパンを焼こう」という
気持ちで再開することができたのです。

「他にないものを作りたい」から、すべてオリジナルレシピ

営業日ごとにブログに記載するメニューは、毎回違うラインナッ
プ。「人のマネをするのは嫌」なので、すべてオリジナルです。定
番パンに加えて、「今まで同じものがない」という、その日の気分
で創作する「気分パン」。「お客さんの驚く顔や笑顔が見たい」そん
な気持ちで、オリジナルのパンを作っています。

自然な会話で生まれる、ふんわりとしたあたたかさ

清水さんは、常連さんにも新規客にも声をかけます。それは、接
客という堅苦しい言葉は似合わず、「お客さんと話しながら」とい
う雰囲気。

「普通のパン屋さんとちょっと違いますよね」と教えてくれたのは

常連さん。「ほっとひと息つきたい時に来て、お茶を飲んで、清水さんや皆とおしゃべりする場所」。初来店でも「ほわっ」とした気分になって帰っていく。そんな店になるのは、清水さんの人柄のなせる技なのかもしれません。

「自分のところに来てくれる人を大切に」で輪が広がり、8年目

「つながってくれた人を大切にする」という清水さんの周りには、お客さんからつながった輪が広がっています。以前働いていたス

ソファの置かれた壁の向こうが、パンが生まれる厨房

タッフだけでなく、店内のテーブルで開催するカフェや刺繍教室も、もともとはお客さんです。

さて、お店の経営は楽しいばかりでなく、前夜や早朝からはじまる仕込みはかなり大変。また店舗経営となると、プレッシャーや責任がすべて自分にかかってきます。同じ販売でも、フリーマーケット出店の頃とは、そのプレッシャーの大きさがまったく違うそうです。「フリマ出店は楽しいだけでやっていたのですが、お店となると、利益のこと等いろいろと考えなければなりません」。

人が集まるコミュニティのような店を続けたい

「いつも来てくれる、近所のお客さんを大切にしたい。今のように、皆が集まって来られるコミュニティがいいと思います。お茶を飲んだり、お客さん同士がお友達になっていくのを見るのが好き。これからも人が集って来られる店を続けていきたい」

育児や家事と並行しながらのパン店経営。開店日は限られていますが、「私は、立ち止まりはしない。常に新しいパンを作り続けている」という、清水さんの力のこもった言葉が印象的です。

HP開設時　費用 ※開業資金の総額は約600万円（実母からの借入れ）

パソコン	自宅パソコン（もともと持っていたもの）を使用
HP制作費	なし。ブログサービスを使用
仕入れ費	初月合計3万円くらい

実店舗の設置時

内外装費	300万円（知り合いの古道具屋兼大工さんに依頼）
厨房機器	125万円（冷蔵庫、中古の業務用オーブン等）
その他	170万円くらい

営業

店舗面積	60㎡（約35畳）
客層	小学生からご年配の方まで（男性：女性＝2：8）。小さな子どもを連れた家族連れも多い
客単価	1,000円前後
スタッフ	開業から2年間はひとり、現在はスタッフ1名と2名体制。常連のお客様がボランティアとして手伝ってくれ、感謝している

ある開店日のスケジュール

・前日
21:00 ～ 24:00 前　仕込み（あんこも煮込む。夏場の時間帯）
・開店当日
4:00　起床。厨房に行き、生地の状態を見る
家族のお弁当や朝食作り、洗濯などの家事と並行。厨房と住居を行ったり来たり
5:50　生地の分割など、仕込み開始
10:00　最初のパンが焼き上がる
11:30　開店（6種類くらいの定番パンがショーケースに並ぶ）

15:00 まで、あらたに3種類を焼き上げる（閉店時間までパンが並ぶように、時間をずらして焼く）
17:00 ～ 18:00　閉店時間。取り置きのパンを取りに来る方も。お客様とお茶を飲んだり、おしゃべりは 19:00 頃まで
19:00　片づけ。夕食作り
23:00 頃　就寝
次々とショーケースのパンが売れ、焼き上がりを待つ人が店内にたたずみます。一番人気の「あんバタこっぺ」は開店1時間後に売り切れてしまいました。

キナリノワ

〒 230-0078
神奈川県横浜市鶴見区岸谷 2-13-22　（京急本線 生麦駅から徒歩 10 分）
TEL：非公開
E-Mail：kinarinowa@ac.auone-net.jp
営業時間：11:30 ～ 18:00（売り切れ次第終了）
営業日：不定休（営業日はブログに記載）
HP（ブログ）：
http://kinarinowa.blog116.fc2.com/

誕生日にデコレーションケーキ

ケーキ店

ショーケースに常時8〜10種類の生ケーキは笑顔のもと

【仕事の概要】
1階は店舗、2階が住居という街のケーキ屋さん。ガラス張りの厨房で毎日ケーキを焼き、店の掃除まで、コツコツ型パティシエ。

【どうやったら、その職種で開業できるか?】
・専門学校で学び、ケーキ店でパティシエとして修業した後に独立
・保健所の「菓子製造業」営業許可、食品衛生責任者（64ページ）

【長所・短所】
👍 長所：午前中に生ケーキ、午後は焼き菓子を作り、午後の空いた時間に家族と過ごせる

👎 短所：需要が行事シーズンに偏りがちになり、収入が不安定。クリスマス・正月等の繁忙期は休日なし

【収入＆初期費用の例】
初期費用：自宅1階（店舗）の改装費。厨房設備、オーブン、作業台、冷蔵庫等。ショーケースや商品を並べる棚。材料の仕入れ費
収入：ショートケーキ350〜500円、誕生日やクリスマスのホールケーキ3,000〜5,000円、「焼き菓子の贈り物セット」500〜3,000円

【ここがポイント】
店の味を知ってもらうなら、購入しやすい100円台のシュークリーム。「有名店、海外で修業」という経歴が地元で活きる。「誕生日」「クリスマス」「ギフト品」の常連客がつくよう、地元での知名度を高める。特定品で「〇〇コンクールの賞」等、「あの店は、コレが有名」と認知されれば、地元の名店として生き残る。

もち米とあんこで皆が好きな味を作り出す

和菓子店

定番品と「新しい菓子」のアイデアで、「贈答品」を通販も

【仕事の概要】
商品単価が安く、薄利多売だが、「正月の餅」等の季節品、赤飯、冠婚葬祭、「お土産の詰合せ」等の定期的な需要が見込める。

【どうやったら、その職種で開業できるか?】
・和菓子を大量に作る製造技術の習得
・保健所の「菓子製造業」営業許可、食品衛生責任者 (64ページ)

【長所・短所】

👍 **長所**:「あんこ」には、一定のニーズがある。賞味期限が長い上、和菓子の「冷凍技術」が発達している

👎 **短所**:高級な菓子類への需要の減少。1個あたりの価格が洋菓子より低く、客単価が上がりにくい

【収入&初期費用の例】
初期費用:自宅1階(店舗)の改装費。厨房設備、作業台、冷蔵庫等。ショーケースや商品を並べる棚。材料の仕入れ費
収入:団子1本100円、草餅やおはぎ1個150円、大福1個200円、菓子セット1,500〜3,500円、お祝い事の紅白餅2,000〜5,000円等

【ここがポイント】
従来通りの商品でなく、商品に「独自性」が必須(例:「みかん大福」)。また、「国産の材料」「保存料未使用」「添加物なし」等、量販店の商品に比べて多少高くても購入してもらえる理由を作ろう。冷凍技術でひとり職人でも少しは量産できるので、「催事出店」「大型店への卸売り」「ネット通販」等、販路を広げていける。

PART
7

自宅をお店に

191

地域の人に必要とされる

そうざい店

忙しい主婦や高齢者が買いたくなる
「安全で、手頃な価格のそうざいと弁当」

【仕事の概要】
安価な弁当が普及したとはいえ、「顔の見える人が作った、安心な料理」を求める需要がある。大型店舗が少ない場所で生きていける。

【どうやったら、その職種で開業できるか?】
・保健所の「飲食店営業」許可、食品衛生責任者（64 ページ）
・おいしい料理を何種類も同時進行で手際よく作れる力

【長所・短所】

👍 長所：「手作りで安全な温かい食事」は、常に求められている。定番と季節メニューでパターン・効率化

👎 短所：栄えている商店街や大手チェーン店がある場所では価格競争に巻き込まれる

【収入&初期費用の例】
初期費用：自宅 1 階（店舗）の改装費。厨房設備、作業台、冷蔵庫等。ショーケース。陳列皿、トング、梱包材。材料の仕入れ費
収入：350 〜 500 円のおそうざい、600 〜 800 円のお弁当各種

【ここがポイント】
個人店としての立ち位置を踏まえ、ショーケースの品数を増やし過ぎない工夫。週に何度も通う固定客の顔を見ながら、毎日違う 2 週間のお弁当表を作成する等。近隣店と違うメニューで、選ぶ喜びを提供（都度トングで入れる）。食事を扱う店として一番の看板は、店主が明るく健康そうな姿。

自宅を
事務所に
出張仕事

「魚屋あさい」
浅井和浩さん、有美さん

移動する魚屋さん

店舗を持たずに移動する夫婦ユニット。
「お魚のさばき方教室」からはじまる
「水産業界を変えていきたい」

夫「水産の知識と人脈」× 妻「企画・営業力」のコラボレーション

「現代版行商のようなスタイル」をイメージしたという「魚屋あさい」の浅井和浩さん、有美さん。

「一度会ったら、もう友達」という人懐っこい一面を持つ和浩さんと、芯の強さと行動力を持つ有美さん

新鮮な魚が入った発泡スチロールと調理道具を持って会場へ出向く、店舗を持たない鮮魚店として、①一般企業やパーティへのケータリング事業、②水揚げ産地とスーパー等の小売店を直接つなぐコンサルティング事業、③「お魚さばき教室」等のイベント事業を主な柱として活動中です。

③は水産商社に勤務していた和浩さんが趣味の延長で、副業としてはじめた事業。

イベント会社に勤務する有美さんが、長男の産休中に立ち上げたHPで「魚屋あさい」という正式な事業になり、夫婦で副業のような形で立ち上げました。

「海」と「イベント」が好きな2人。幼少期のおいしい魚の記憶

　和浩さんは1981年に静岡県沼津市、有美さんは1984年に愛媛県松山市、海の近くで生まれ育ちました。湘南の海の家を借り切ってDJブースを作り、100人規模の音楽イベントを主催したくらい大の"海好き"な2人。

魚の顔を知っていますか？

　和浩さんは大学時代から起業願望を持ち、何がやりたいかわからないまま、通信機器メーカーに就職。システムエンジニアとしてCADで設計すること2年。毎日パソコンの前に座り続ける仕事は合わないと感じ、地元沼津に帰りました。そして思い出したのが、幼少期の記憶。

「子どもの頃、父に網引きに連れていってもらいました。朝早く起きて沼津の海で獲った、生しらすやさば、金目鯛、かさご等の深海魚のおいしさは忘れられません。そして水産に関心を持って、第一次産業を活性化したいと思うようになったのです」

　その後、仲買人の仕事に就きます。仲買人とは、魚市場でその日に獲れた魚を買いつけ、全国の市場や小売店、レストランに卸売りする仕事。そこで、築地市場や全国の小売店との人脈ネットワークができました。2012年に上京して、水産商社に転職。「輸入商材を扱うインポーターという川上の立ち位置から、大手量販店のデリカ部門にえびやまぐろ商材を販売し、幅広い視点から水産の商売について深めました」。有美さんに出会ったのもこの頃です。

「形がないものが好き」な有美さん。イベント企画営業・運営力

有美さんは、(現) リクルートコミュニケーションズで『ゼクシィ』の制作に携わった後、学会や展示会、企業カンファレンス等のイベントの企画・運営を行なう会社に転職。企画営業からスポンサー獲得、広報、イベント当日の運営、収支管理までを担当する営業職となりました。

築地市場にあるキッチンを借りて、お魚さばき教室を開催

2015年4月に長男を出産。「産休に入って、子どもとふたりで空いている時間があったので、何かしてみようと思いました」。実は週末に、魚のさばき方教室や魚料理のケータリングイベント等をするようになっていた和浩さん。「友人の友人から、ホームパーティの依頼が来るようになっていました」。

そして「幅広く告知していこう」と話し合うようになり、2015年7月、有美さんが無料のHP制作ツールの「Wix.com」でこっそり1週間かけてHPを立ち上げました。

抱っこ紐で企業への営業回り

抱っこ紐で生後3ヶ月の長男を連れて、企業へ提案営業に行っていた有美さん。営業パーソンは、頭で企画と交渉を組み立てるので、小さな子ども同伴でも十分に営業活動ができたのです。

有美さんは企画営業職の経験を活かして、ヒアリングを通して「相手の課題」をいちはやくつかむことを心掛けました。そして大手スーパーチェーンでの子ども向け食育教室、婚活イベントとして魚

料理の教室、訪日外国人向けの築地市場を回って買いつけまで行なうツアー、シェアハウスやタワーマンションでのホームパーティへのケータリング等、少しずつ案件を受注できるように。仕事量が増え、会社勤務と「魚屋あさい」の二足のわらじを続ける和浩さんは、とても忙しくなっていきました。

和浩さんが独立。「魚屋あさい」一本で生きていく

事業が軌道に乗り、2017年1月に和浩さんが会社を辞めて独立。勤務先だった水産商社の仕事を業務委託で行ないながら、「魚屋あさい」の事業を拡大することにしました。ブランディングの仕事をする友人が「いつでも、どこでも。へいおまち。」と「FISH&DISH」というキャッチフレーズを一緒に考え、ロゴ制作も協力してくれました。

また、全国の水揚げ産地とスーパーマーケットを直接つ

20名ホームパーティイベント。「魚がいっぱい入った発砲スチロールを開け、今日の魚の顔を皆さんに見てもらいます。例えば、あじ、さば、やがら、太刀魚、げほうという深海魚。前菜、解体ショー、煮付け、あら汁を食して、1人当たり5,000円。職人を連れて寿司まで握るコースは7,000円。イベントごとにスポットで頼む職人は現在3人いますが、寿司職人を随時募集中です」

なぐアプリを運営するベンチャー企業と提携。和浩さんがこれまで培った人脈を活かして、産地と量販店両方の開拓営業に力を入れています。食品メーカーやスーパー等の小売店向けに、魚の商品開発や売り方に関する提案や助言を行なうコンサルティング事業も忙しくなってきました。

有美さんは会社勤務の傍ら、空いた時間を使ってHPや

Facebook、インスタグラムを更新。「どのように広報していくか。メディアへのアプローチや安心感を与えられるコンテンツ作り、そして仕組み作りをしています」。そんな有美さんを「事業全体を見ているブレイン」だと和浩さんは言います。

副業時代と独立後の違いは、自分の裁量で動けること

　会社員時代の副業と独立後の違いは、「縛られていないので、動きやすい。どの仕事に注力するのかを自分で決められる」こと。時間の調整がしやすくなり、和浩さんも保育園の送り迎えができるようになったそうです。イキイキ過ごす姿に「お父さん、今日もお魚、がんばって」と頼もしい長男の言葉。独立してからすべてのことに前向きになり、「結果を出したいというプレッシャーとやる気がいい塩梅です」（和浩さん）。「見切り発車でしたが、『やってみればどうにかなる』という気持ちが強くなり、とらわれない生き方ができるようになりました。突き詰めれば、不安要素が起業にはいっぱいあるのかもしれませんが、2人ともあまり気にしていません」（有美さん）。

「魚をさばく所を見てもらうと、食の楽しみが広がり、魚屋さんや築地に行ってみようという気にもなるでしょうし、スーパーに行った時にも魚を見る目が変わるでしょう」

「食卓においしい魚を届けたい」

「食べている魚の顔を知らない方が多くいらっしゃいます。私達が関わることで、魚を自分でさばくことができるようになり、刺身や切り身の焼き魚だけでなく、いろいろなおいしい食べ方を提案していきたいと思います」。2018年7月に会社を設立。「人手を増やすべく動いています」。

「魚屋あさい」の進化は、現在進行形。浅井さん夫婦の周りには、魚を食べることを楽しむ人が増えていくことでしょう。

HP開設時　費用

パソコン	自宅パソコン（もともと持っていたもの）を使用
HP制作費	ゼロ（自分で制作）
宣伝費	ロゴ制作3万円（ブランディング業の友人が協力してくれた）、チラシ制作1万円

営業

客層	一般企業、ホームパーティを開く家庭や幼稚園、保育園の親睦会
客単価	ケータリング1名あたり3,000〜5,000円。企業のパーティは数十万円
スタッフ	和浩さん、有美さんの2人。イベントごとに寿司職人を雇用

株式会社 FISH&DISH

〒166-0015
東京都杉並区成田東2丁目33番9号
TEL：03-6383-5200
FAX：03-6800-5208
E-Mail：asai@fishanddish.com
営業日：不定休
HP：https://www.fishanddish.com/

写真提供：株式会社 FISH&DISH

移動販売

ランチ販売、イベント出店等、ワクワク感を与えるキッチンカー

【仕事の概要】

ワゴン車からいい香りがする！ 折り畳み式看板には、おいしそうな写真。移動販売車の前に並んでいる時間も楽しい。

【どうやったら、その職種で開業できるか？】

保健所の営業許可のある厨房を搭載した車、食品衛生責任者。自宅に厨房を作り、パッケージした弁当を車で販売も可（64ページ）。

【長所・短所】

👍 **長所**：車でさまざまな場所に行ける。人との出会いがある。アイデア次第で、多様なジャンルを販売

👎 **短所**：売れる出店場所を見つけることに労を要す。同じ場所でも天候によって来客数が変わる

【収入＆初期費用の例】

初期費用：自動車（中古車等）の購入、車内に厨房設備を作る。外装、看板、のぼり。商品写真。材料や弁当ケース、梱包材費

収入：ランチ弁当500〜900円、その場で作るサンドイッチ350〜600円、かき氷やおやつ300〜500円　自家焙煎コーヒーや紅茶350〜500円

【ここがポイント】

「雑貨」「洋服」「植物」等を移動販売するひとり起業家さんも。食事メニューは「原価率が安い」「材料が腐りにくい」「冷凍しやすい」ものがよい。また、「一種類の料理で味を変えて3〜4メニューを提供」等、仕入れや準備のしやすさを工夫（例：肉ソテー丼の味付けを変えて3種類）。（詳しくは『はじめよう！移動販売』）

「掃除が得意」を活かす家事代行

ハウスキーピング

携帯電話1本でOK!「掃除」「洗濯」「料理」をお金にする

【仕事の概要】
お客様からの依頼は「掃除」「洗濯」「料理」の家事から、ペットの世話、子どもの送迎まで幅広い。ヒアリングして柔軟に対応。

【どうやったら、その職種で開業できるか?】
・資格は必要ない。家事代行会社で働いた後、独立。民間資格あり
・作業が速いこと。事前の電話連絡や時間厳守のビジネスマナー

【長所・短所】

👍 長所:電話番号一本で開業できる。リピーター客になれば「月に1～2回」以上の受注が継続

👎 短所:最初はお客様の顔がわからない。きつく、汚い作業が多い。移動等、作業以外の時間が意外にかかる

【収入&初期費用の例】
初期費用:ゼロも可。仕事用エプロン。携帯電話とHP制作費（無料ブログも可）。近隣に配布するチラシ印刷費（手書き、コピーもOK）

収入:時間制1時間2,000円～（最低2～3時間）。出張交通費は実費でもらう等

【ここがポイント】
お客様との「信頼関係」が鍵。自宅に上がり、家族に関することを代行するので、「この人なら大丈夫」という安心感。仲介会社がいないひとり起業の場合、トラブル対処もすべて自分自身。契約前に代金を明記した「御見積書」を書面で渡す、作業内容はヒアリングして詳しくメモする等でトラブルを未然に防ぎたい。

出張カメラマン

アマチュアからプロまで幅広い層。雰囲気のある写真を撮影

【仕事の概要】
「式典」「旅行」「七五三」等、指定場所（神社や公園等）に行き、個人や家族の自然な写真撮影。HP を見て一般の顧客がメールや電話で依頼する。

【どうやったら、その職種で開業できるか?】
・「魅力的な写真」が撮れる力。被写体の豊かな表情を引き出す力
・HP（ブログ）で自己 PR をして宣伝、メールや電話で受注

【長所・短所】
👍 長所：アマチュアから活躍する人は多数。「人とのコミュニケーションが好き」な人に向いている

👎 短所：「準備（下見をする場合も）」「現場へ移動」「撮影」「データの仕上げ」までトータル時間は長い

【収入&初期費用の例】
初期費用：一眼レフカメラ、撮影用の三脚、パソコンと写真編集ソフトウェア、宣伝用 HP（無料ブログ、FB でも可）等
収入：「成人式」や「七五三」の撮影　60 分間 1 ～ 4 万円（データ修正込）。交通費、出張料は別途請求等、料金体系はさまざま

【ここがポイント】
一般客にとって行事にカメラマンを呼ぶことは「いくらかかるのだろう?」と敷居が高い。地名度よりも「頼みやすさ」「手頃な価格」で勝負。被写体を緊張させないコミュニケーション力が鍵。実績を見せるには「今まで撮った写真」が一番効果的なので HP やブログにポートフォリオをどんどん貼ろう。

広告、Web媒体の写真から映像までを撮る

カメラマン

Web経由で、一般企業や個人からも直接受注

【仕事の概要】
スタジオやロケ現場で人物や商品を撮影。「水中」「空」「鉄道」「動物」等の専門分野を持つ人も。デジタル化で、動画編集も。

【どうやったら、その職種で開業できるか?】
・専門学校で撮影技術を学ぶ。企業カメラマンとして勤務後、独立
・各種メディア会社と直接契約。制作会社や個人からも直接受注

【長所・短所】
👍 **長所**:技術と感性を活かせる。作品を見せることで実力を伝えやすい。写真を通じた旅や人との出会い

👎 **短所**:アマチュア写真家も競争ラインに立ち、価格下落。季節により需要に差。移動時間が長い

【収入&初期費用の例】
初期費用:各種カメラ機材。HP制作(無料ブログやFBも可)。移動が多いので、機材を積む車。(場合によって)スタジオ設立費
収入:撮影時間に比例。人物や店舗の撮影3時間4万円〜、カタログやウェディング撮影8時間10万円〜(データ込、交通費別)

【ここがポイント】
HPやFBを写真ギャラリーとし、「どのような写真が撮れるのか」を見せて集客。「日々、どんなことを考えているか」「撮影現場の様子」等の文章を記載すると、個人も依頼しやすい心境に。「写真」を媒体にした事業に広げやすい(例えば写真講座の開講、「写真館」運営、ストックフォトサイト出品、Webサイト制作等)。

PART
8

自宅を事務所に出張仕事

他人でないとわからないよさがある

イメージコンサルタント・パーソナルスタイリスト

開業資金ゼロ！ から。ファッションセンスと知識の集大成

【仕事の概要】
男女に向けて「色」×「体型」、「顔型」×「洋服コーディネート」を診断。自宅サロンで診断カウンセリング、買い物同行サービス。

【どうやったら、その職種で開業できるか？】
・民間スクールの資格を取ると、理論と説得力が増す
・アパレル業界のデザイナー、販売員経験やコーディネート経験値

【長所・短所】

👍 **長所**：長年の「ファッション研究」を収入化。重要なのはセンスと知識であり、少資金で開業可

👎 **短所**：成果を事前に実感し難く、見込み客がなかなか申込めない。気が抜けないライフスタイル

【収入＆初期費用の例】
初期費用：宣伝用 HP（無料ブログ、FB も可）。自宅サロンとして空間作りするためのインテリア改善費。診断シート印刷代
収入：「カラー、体型、似合う服」総合診断 5,000 ～ 10 万円。クローゼット診断やショッピング同行 1 時間 6,000 円～（交通費別）

【ここがポイント】
ファッションへの深い関心を「体型、顔型診断」「パーソナルカラー診断」等の勉強で理論化。HP や SNS に洋服コーディネート写真を多くアップし、ファッションの好みを伝えよう。人物像や洋服のテイストが好きな人が申込んでくれる。サービスは、一対一（各種診断）と複数向け「セミナー開催」「スクール運営」の両方が可能。

着物を着付ける、教える

着付け師・着付け講師

日本の伝統衣装「着物」を未来に継承する

【仕事の概要】
着物を着たい男女は多い。着方を教えるレッスン開講や出張して着付ける。20 ～ 30 代で活動する人も増え、美容院でもニーズあり。

【どうやったら、その職種で開業できるか?】
・民間の着付け教室で、着付け講師の資格取得
・自宅一室で着付け教室の開講。HP で出張着付けの宣伝をする

【長所・短所】
👍 **長所**：好きな「着物」の知識が収入につながる。着物という共通の趣味嗜好の人に数多く出会える

👎 **短所**：着付けは行事の時期に需要が集中して不安定（教室は年間を通じて開講可能）

【収入＆初期費用の例】
初期費用：畳の間で、手持ちの着物があれば OK。教室受講料やテキスト代。集客用の HP 制作（無料ブログや FB もいい）
収入：着付けは浴衣 4,000 円、留袖 7,000 円、振袖 9,000 円（交通費別）。着付け教室は入会金 3,000 円～。初心者全 8 回 3 万円弱～等

【ここがポイント】
今後は、ネットによる集客が重要だ。着付け講師の実力がわからないと依頼し難いので、HP 上で十分に自己アピールしたい（実績、保有資格、着物歴等）。着付けの仕上がり写真を実績として数多くアップして信頼感を得よう。教室の生徒達と、着物で散歩をしながら食事をする楽しいイベントを開催して集客を維持したい。

PART
8

自宅を事務所に出張仕事

犬や猫をお預かりする

ペットシッター・ペットホテル

大好きな犬や猫と24時間一緒にいられる!
けれど、緊張感もいっぱい

【仕事の概要】
飼い主が「旅行」や「出張」「買い物」等の際に、家族の一員であるペットの一時預かりをするサービス。犬のお散歩代行業も普及している。

【どうやったら、その職種で開業できるか?】
動物を預かる、預かり訓練する場合、保健所の「第一種動物取扱業」登録。動物を長く飼った経験。民間資格(多種類ある)で信頼性。

【長所・短所】

👍 **長所**:犬や猫を飼った経験が活かされる仕事。大型設備を必要とせず、少資金でもはじめられる

👎 **短所**:動物を24時間預かるので、怪我の心配など緊張が絶えない。年末年始やGWに休暇が取れない

【収入＆初期費用の例】
初期費用:「動物取扱業」登録料1万5,000円、玄関用、室内用のゲージ、シーツ、おもちゃ等。HP制作(無料ブログやFBも可)
収入:ペットシッター(犬)60分3,000〜5,000円、(猫)60分2,000〜3,000円(＋交通費)。ペット預かり1泊(24時間)2,000〜5,000円等。

【ここがポイント】
ペットシッターは飼い主の自宅に出向くので、通える範囲の地域密着型(ホテルは車での送迎サービスも多い)。ネットで検索されやすいよう、HPやブログのタイトルや記事に「対応地域」を明記しよう。また、安心して頼める人柄であることをHPやブログで伝え、預かり実績として犬・猫の写真を多く掲載したい。

車1台で飼い主の自宅に直行

移動型の動物病院

朝6時から、医療器具を車に積んで犬、猫、鳥、うさぎを往診

【仕事の概要】
医院を持たない往診専門。携帯電話で依頼を受けて、車で動物がいるご自宅へ伺う。「〇〇地域限定」等、車で45分圏内へ往診。

【どうやったら、その職種で開業できるか?】
・獣医科大学で学び、獣医師資格の取得
・動物病院で実務を積み、独立。病院勤務の傍ら、ダブルワークも

【長所・短所】
👍 長所:医院が必要なく、車1台ではじめられる。動物に関われる仕事。患者の自宅を訪問することで喜ばれる

👎 短所:問い合わせは「動物病院に行けない場合」に限られがち。手術やレントゲン検査はできない

【収入&初期費用の例】
初期費用:HP制作費(無料ブログやFBも可)、携帯電話代、自動車購入費。医療器具の購入
収入:(地域による往診料+検査、投薬料)往診料2,000〜4,000円、血液検査4,000〜1万円、注射1,000円〜、混合ワクチン接種4,000〜5,000円等

【ここがポイント】
新しい業態であり、地域のお客様と信頼性を構築していくことに時間を要する。「年老いた動物」や「車で動物病院に行けない飼い主」に需要。動物を診察してきた実績を示すHPを見て、顧客から電話が入る。「自宅から直接行く」強みを活かし、早朝6時から就寝前まで受付(または予約制にする場合もある)。

ライブやショッピングモールのイベントで演奏

ミュージシャン

ストリートでも観客を惹きつけるパフォーマンス力で自ら営業

【仕事の概要】
自らライブの機会を作り出し、「ギター」「ピアノ」「サックス」等の楽器演奏や弾き語りと同時に自作 CD を販売する。

【どうやったら、その職種で開業できるか?】
・人を集めて、魅力的に演奏する力
・資格は必要ないが、ライブの企画力や自分で営業する積極性

【長所・短所】

👍 長所：ひとりでも、ネットでライブ情報公開と集客が可能。期間限定のライブなら、ダブルワークも可

👎 短所：才能だけでなく、「集客力」や「営業力」が必須。会場費や交通・宿泊費が割とかかる

【収入＆初期費用の例】
初期費用：宣伝用 HP（無料ブログや SNS も可）。練習スタジオ代、ライブハウス代、チラシ代、交通費、CD 制作費は 8 万円〜等
収入：CD1 枚 500 〜 3,000 円、ライブチケット 1 枚 2,000 〜 4,000 円、ショッピングモール出演料 無料〜等

【ここがポイント】
実績としてイベントの様子を動画に撮り、動画共有サイト「YouTube」等で公開。ひとり活動だけでなく、数名とコラボレーションで各地を巡る、ライブの共同開催等も。オリジナル曲だけでなく、誰もが好きな有名曲の演奏でも集客可。「楽器教室」と並行する場合、活動地域をある地方に集中させるのも効率的。

アーティスト

ワークショップ開催やアート作品展示のパフォーマンス

【仕事の概要】
「立体作品」や「映像」で独自分野を作り上げるアーティストが、美術館等でワークショップを開催。参加者の制作物は会場展示。

【どうやったら、その職種で開業できるか?】
・芸術大学等を卒業し、絵画や彫刻等のアート活動を続ける人
・空間を作り上げる力、直接営業とネットを通じた自己 PR 力

【長所・短所】

👍 **長所**：芸術活動を収入につなげることができる。新しい分野を作り上げ、それを広げる無限の可能性

👎 **短所**：才能だけでなく、「ビジネス化する力」や「コミュニケーション力」が必須。チャンスは狭き門

【収入&初期費用の例】
初期費用：宣伝用 HP（無料ブログや SNS も可）。作品制作の材料費
収入：ワークショップ講師料の報酬はさまざま

【ここがポイント】
美術館や商業施設は集客手段として、独自な作品制作の世界が注目を集める現代美術アーティストを講師に、ワークショップを開催。制作するのは「空間の装飾」「洋服」「絵本」「ダンス」等。アーティストにとっては、個展以外の自己表現と PR 活動の場となる。「子どもが楽しく自由制作できる手法」であることがヒットの鍵。

幸運を呼び込む助言ができる

占い師

1畳スペースで電話やネットを活用。
素敵なカフェで出張占い

【仕事の概要】
「四柱推命」「数秘術」「姓名判断」「手相」「風水」「タロット」等の
占術やスピリチュアルな世界。面と向かう、電話、メールで占う。

【どうやったら、その職種で開業できるか?】
・民間スクールで学んで独立
・占いサービス会社と契約。ネットを介して、鑑定希望者に出会う

【長所・短所】

👍 **長所**:副業にできる。鑑定を行なう 場所をカフェやレンタルスペースに すると、非常に少資金で開業可

👎 **短所**:ネットの占いサービスが増え、 競合が多い。さまざまな相談を受け る気苦労がある

【収入&初期費用の例】
初期費用:占いの道具、タイマー・時計、衣裳、HP制作(無料ブログ、
FB可)。レンタルスペースやカフェの場所代、交通費
収入:対面の鑑定10分1,000円〜、電話での鑑定1分200円等。
45分パック(オプション付)で1万円等、価格の設定はさまざま

【ここがポイント】
自宅の一室で対面鑑定をする場合は「完全予約制」に。Webを活
用し、HP経由で電話・メール占いを受付、またはHPやFBで集
客し、レンタルスペースやカフェ、時にパーティ会場や数名のセミ
ナー形式で鑑定を行なう。電話占いは夜間(21時から深夜1時〜
2時)が多いため、他職業とダブルワークや副業も可能。

みんなの憧れ

読者モデル

男女ともに素敵なファッションやライフスタイル。
本業に活かす

【仕事の概要】
ファッション雑誌やWeb媒体で、一般人として洋服やアクセサリー、
化粧品等をPR。SNSやブログのフォロワー数が多い人が人気。

【どうやったら、その職種で開業できるか?】
・資格は必要ない。オシャレなファッションやライフスタイル
・「読者モデル」を募集している媒体に応募。SNS発信等で注目

【長所・短所】

👍 長所:ファッションが好きなら、日
頃の自分を活かせる。事務所に属さ
ないので、自由な活動ができる

👎 短所:採用されるかどうかは狭き
門。ブログやSNSの更新等、「情
報発信力」が問われる

【収入&初期費用の例】
初期費用:手持ちのスマホでSNSを更新するのでゼロ円。しかし、
日頃からファッションや美容に気を配るため、維持費がかさむ
収入:撮影料 無料〜数千円や商品提供等

【ここがポイント】
モデル事務所に所属しないので、雑誌や一般企業から直接連絡を受
ける。読者モデルとしての報酬は少ないが、本業を宣伝する手段と
して副業で活躍する人も多い(例えば、本業がデザイナー、サロン
や教室の運営等)。起業前に、ブランド力や知名度を高める目的で、
読者モデルになり日々の活動内容をアピールする人も。

便利屋

高齢化でニーズ、「庭や家の片づけ」から「代理出席」まで

【仕事の概要】

文字通り何でも引き受ける代行業。「片づけ」「引越やリフォームの手伝い」「家具の組み立て」「庭仕事」「代理出席」「雪かき」等。

【どうやったら、その職種で開業できるか?】

・資格は必要ない。屋号「便利屋○○」と電話番号だけで開始可
・事業を継続できる人の共通点は、温かい人柄とビジネスマナー

【長所・短所】

👍 **長所**：電話番号一本で開業できる。今までの人生経験がすべて活かされ、お客様に感謝される

👎 **短所**：受注量が安定しない。客数が増えるのは、信頼感が増してから。どんなお客様か事前にわからない

【収入&初期費用の例】

初期費用：荷物や道具を積める車と携帯電話。HP制作費(無料ブログでも可)。近隣に配布するチラシ印刷費(手書き、コピーもOK)

収入：作業内容が毎回違うので、時間制が多い。60分1名3,000円〜(依頼内容による)。出張交通費は1,000円〜等を設定

【ここがポイント】

お客様は「こんなことを依頼してもいいのか」と迷うもの。HPには「過去の依頼事例」を可能な範囲で紹介しよう。広域から依頼を受けるので、車での移動が必須。高齢の方の生活サポートや話し相手としての役割も重要。安心して頼める「人柄」「価格」「すぐに対応」等の柔軟性にお客様がつく。HPで「人柄」をアピールしたい。

「整理収納」「片づけ」の専門家

片づけ・整理収納代行業

じぶんの身1つ。60分5,000円〜でクローゼットを片づけ

【仕事の概要】
自宅(例:クローゼット、リビング、台所)の片付け作業を代行、オフィスや自宅の整理収納についてのレクチャーを行なう。

【どうやったら、その職種で開業できるか?】
資格は必要ないが、民間スクールで学び、資格を取得する人が多い。決められた場所を有効に使うための整理整頓が好きな人が向く。

【長所・短所】
👍 長所:日々の家事経験を活かせる。同じ場所でも、片づけ結果は人によって違いが出るので、個性を発揮できる

👎 短所:収納整理を頼むことへの心理ハードルが高い人がまだ多い。お客様のお宅へ向かう移動時間がかかる

【収入&初期費用の例】
初期費用:宣伝・集客用HP(無料ブログ、FBも可)、チラシ印刷代

収入:片付けセミナー1名3,000〜6,000円。クローゼットの整理整頓代行(60分)5,000円〜。資格取得の講座1万円弱〜3万数千円等

【ここがポイント】
「セミナー」「代行」「資格取得のスクール」等、どの事業に軸足を置くかで同業者と差別化。整理整頓は、最小限のモノで暮らす主義の「ミニマリスト」や忙しい人の「時短」、心理的安定にもつながる。「どのような部屋にしたいのか」お客様の好みは分かれるので、片づけの前後を撮った「写真」をHPにアップ。

PART
8

自宅を事務所に出張仕事

時代のニーズに合わせたアイデアレシピを考案する

料理研究家

料理教室からテレビ出演、レシピ本まで活動の幅は広い

【仕事の概要】
毎日の献立は悩みの種。食欲は人間の三大欲求の1つで、簡単でおいしいメニューへの需要は永遠にあるだろう。男性も多く活躍。

【どうやったら、その職種で開業できるか?】
著名な料理研究家へ弟子入り。専門学校、調理師、管理栄養士、フードコーディネーター、野菜ソムリエ等、さまざまな経歴や資格。

【長所・短所】
👍 長所:生活経験、毎日3食の料理すべてが「試作」にも「宣伝ツール(写真)」にも活かせる

👎 短所:競合がとにかく多い(しかし出番=ニーズも多い)。味だけでなく、センスのいい盛りつけ術が必要

【収入&初期費用の例】
初期費用:手持ちの調理器具で試作するので、材料費のみ。最初は無料ブログやFBだけでもOK。順次、道具を購入
収入:レシピ考案料1品500円〜、レッスン料(「料理教室」参照)、食品メーカーとのコラボ企画数万円等

【ここがポイント】
過去や常識にとらわれないユニークなレシピが求められている。「セミナー」「料理、パン教室の開催」、「カフェレストラン」の経営をする人も多い。作った料理の写真とレシピをブログやFBに毎日載せ、仕事やレシピ本の依頼につながる人が増えた。「各国料理」「野菜いっぱい」「時短」等、自分の分野を決めると面白い。

お客様のご自宅に出張

パソコン
インストラクター

HP（ブログ、Facebook）と携帯電話だけで受付

【仕事の概要】
お客様のご自宅にあるパソコンの使い方を教える仕事。高齢のお客様のペースに合わせて、わかりやすくレクチャー。

【どうやったら、その職種で開業できるか？】
・資格は必要ない。パソコンやソフトウェア、周辺機器に詳しい人
・パソコンスクール講師またはIT業界で働いた後、独立

【長所・短所】

👍 **長所**：宣伝手段（HPやブログ、手作りチラシ等）を持てば、すぐに開業できる。高齢者に喜ばれる事業

👎 **短所**：パソコンを使える人は増え、ニーズの減少。急な問い合わせ、他事業との両立で時間のやりくり

【収入＆初期費用の例】
初期費用：集客用HP（無料ブログ、FBも可）。携帯電話、近隣に配布するチラシ印刷（手書き、コピーもOK）。移動のための車やバイク

収入：「1回のサポート〇分間」と設定（延長あり）。1回60〜90分間のレクチャー3,000〜6,000円。出張料金は別途

【ここがポイント】
IT機器には、常に新しい製品分野ができる（例：パソコン→スマートフォン→タブレット端末）ので、それに応じた講座を開講すればニーズはある。また、「公民館等でパソコン教室」「HPや個人ブログの制作代行業」と兼ね合わせる等、パソコン周りの仕事と両立。HPでは「経歴」「人柄」「出張地域」をアピールする。

「セミナー」「ワークショップ」の企画開催

セミナー講師・セミナー主催者

資産運用、ビジネス、色彩、ファッション……
さまざまなジャンル

【仕事の概要】
セミナーやワークショップを企画し、告知して集客。当日の会場運営を行ない、講師に謝礼を支払う。また、セミナー講師として登壇。

【どうやったら、その職種で開業できるか?】
・資格は必要ない。「○○セミナー」と名づけて活動開始
・講師にはプレゼン、ファシリテーション（進行役）力と経験が重要

【長所・短所】
👍 **長所**：得意なこと、専門分野の知識を多くの人に伝えられる。複数の分野の人とコラボレーションできる

👎 **短所**：競合が多く、受講者の集客に手間と時間を要する。講師は自分自身が商品であり、緊張が絶えない

【収入＆初期費用の例】
初期費用：HP制作費（無料ブログやFB等の更新でも可）。会場費。テキスト作成費、印刷代
収入：受講料1回 2,000 ～ 15万円。収入は、受講料総額から、講師への謝礼、会場費や諸経費を差し引いた金額

【ここがポイント】
セミナーやワークショップの形式は「2時間」「1日（6時間）」「ホテル等で開催して2日間」「高級ホテルで食事をしながら」等さまざま。セミナー開催を主業務とする人も多いが、複数手がける事業の1つまたは副業とするパターンも多い。ハンドメイド作品を作るワークショップも。パソコンやスマホで「動画」配信や「生中継」のスタイルも増えている。

山田プリンさん

大道芸人

定年退職後に「大道芸人」に転身！
手品に風船、口笛。
人を笑顔にする仕事には未来がある

　湘南・茅ケ崎、神奈川近隣を中心に活躍する、大道芸人の山田プリンさん。お祭りや老人ホーム、幼稚園、保育園、子ども会、各種イベントが舞台です。花や動物の形を細長い風船で作る「マジックバルーン」。手品では風船の色が変わり、幼稚園児や小学生がわ

「皿回し」体験は、イベントで大人気！

あっと歓声を上げます。皿回しは、見ている子ども達も一緒に回して大奮闘。手話もできる山田さんのゆっくり優しい口調とわかりやすい動作で、小さな子どもだけでなく、大人も楽しくなります。

　1949年に神奈川県茅ケ崎市で生まれた山田さん。精密機械の会社で働き、職場に耳の不自由な方が配属されたのを機に「手話」を習い、わかりやすい話し方を身につけました。
　25歳で、4泊5日の研修会に参加して「腹話術」を習得。ボランティアとして社会福祉協議会に登録し、老人ホーム等を訪問しはじめました。次は35歳で「パントマイム」を習得し、ピエロの化粧と衣裳で演じます。

40代からは、コツコツと「未来を切り開く準備期間」

　「大道芸人」として生きる道を選んだのは、40代になってから。転勤や長い通勤時間に疲れ、「これからは、趣味を生きがいにしよう。定年までの20年間は、未来を切り開くために、コツコツ準備するいい期間だと思いました」。そして会社勤めを続けながら、週末はイベントに出演。芸名を「小さな子どもに覚えてもらいやすい」と、山田プリンと名づけたのは40代半ばのこと。舞台を踏むたびに、「自己満足でなく、見てくれるお客さんに感動を与えるのがプロ」、そう実感したそうです。

　芸を磨くために「口笛」を習ったのは、退職を目前にした59歳の時。「まだラジオの時代だった子どもの頃、口笛を吹いて遊んだ記憶があります。数十年ぶりに口笛を吹いてみると、全然音が出ない。そこで、カルチャーセンターに習いに行きました」。

　定年退職後は、大道芸人として本格的に活動開始。イベントへの出演回数が増えて芸が上達すると、「謝礼（出演料）」をもらえるようになり、その額はだんだんと上がっていきました。「自分を磨くと、それをお客さんが評価してくれました」。各所のイベント企画グループから声がかかるようになり、イベントへの芸人派遣会社へも登録。

　大きなイベントに足を運んで、名刺を配って顔を売ることも営業

明るく、楽しさが伝わってくるHP

活動のひとつです。「名刺を100枚お配りして、実際にお仕事をもらえるのは1〜2件です」。HPを開設すると、仕事依頼が問い合わせフォームやメールから来るようになったそうです。

プロの芸人「山田プリン」になって、20年以上。「私が舞台に立つと、お客さんが笑顔になります。その瞬間がすごく嬉しいですね」

マジックバルーンや手品に、子ども達も興味津々

HP開設時　費用

パソコン	ノート型パソコン購入 15万円
HP制作費	30万円（制作業者に依頼）

仕入れ費	イベント衣裳 20万円弱
宣伝費	名刺の制作 数千円

営業

客層	イベント主催者、イベント芸人の派遣会社
客単価	イベント出演料1回 数千円〜10万円くらい （主催者予算による。近隣では無料ボランティアの場合も）
スタッフ	ひとりで運営

山田プリン

神奈川県茅ヶ崎市
HP：https://www.p-yamada.net/
スケジュール詳細や問い合わせはサイトにて

写真提供：山田プリンさん

索引

著者略歴

滝岡幸子（たきおか さちこ）

中小企業診断士・経営コンサルタント、「ひとり起業塾」主宰、渋谷ポテンシャル経営研究所代表

外資系コンサルティング会社・プライスウォーターハウスコンサルタント（現IBM）で、多くの企業の戦略立案、業務改善に従事。2002年に有限会社ポテンシャルを設立。当初は従業員が増えていく会社をめざしたが、「少ない資金、低リスクで身軽に、自分らしい生き方をめざす『ひとり起業』のほうが合っている」と実感し、大企業とはまったく違う、身の丈にあった経営戦略や働き方を研究し、世の中に提案している。

起業家の生き方、中小企業が勝ち抜く戦略を考えることをライフワークとし、中小企業へのコンサルティング、企業研修、講演・ワークショップセミナー、各種メディアでの執筆連載等の多方面で邁進中。

著書に『ど素人がはじめる起業の本』『図解 ひとりではじめる起業・独立』（翔泳社）、『はじめよう！ 移動販売』『マイペースで働く！ 女子のひとり起業』『マイペースでずっと働く！ 女子のひとり起業2年目の教科書』（同文舘出版）などがある。

■ HP：http://www.potential7.co.jp
■ Mail：info@potential7.co.jp

マイペースで働く！
自宅でひとり起業 仕事図鑑

平成 30 年 8 月 23 日　初版発行
令和 3 年 12 月 25 日　4 刷発行

著　者 ── 滝岡幸子

発行者 ── 中島治久

発行所 ── 同文舘出版株式会社

東京都千代田区神田神保町 1-41　〒 101-0051
電話　営業 03（3294）1801　編集 03（3294）1802
振替 00100-8-42935
http://www.dobunkan.co.jp/

©S.Takioka　　　　　　　　　　ISBN978-4-495-54011-1
印刷／製本：萩原印刷　　　　　　Printed in Japan 2018